Frieder Harz

Ist Allah auch der liebe Gott?

Interreligiöse Erziehung in der Kindertagesstätte

Don Bosco

Geheimnisvolle Zeichen?!
Ganz einfach!

Wenn in Ihrer Kindertagesstätte Kinder
aus unterschiedlichen Religionen und Kulturen
zusammenkommen und Sie diese Situation
bewusst als Lernchance aufgreifen wollen,

finden Sie hier eine Menge hilfreicher Informationen
und praktischer Ideen, um eine interreligiöse Erziehung
zu verwirklichen, die das Verständnis von Menschen
verschiedener Glaubensrichtungen füreinander fördert.

Die Deutsche Bibliothek – CIP-Einheitsaufnahme

Ein Titeldatensatz für diese Publikation ist
bei Der Deutschen Bibliothek erhältlich.

1. Auflage 2001 / ISBN 3-7698-1307-3

Umschlag: Michael Brandel
Umschlagfoto: Anneliese Hoppe
Fotos: Yves Suermann,
Inge Sandler (S. 49, 114),
Jochen Fiebig (S. 64, 93, 99),
KNA Bild (S. 140, 144, 149, 155, 160)
Produktion: Don Bosco Grafischer Betrieb, Ensdorf

Gedruckt auf umweltfreundlichem Papier

Inhalt

Was Sie in diesem Buch finden

Im Teamgespräch der Erzieherinnen stehen Fragen zur religiösen Erziehung an. Beim letzten Elternabend kam dieses Thema zur Sprache. Einige der Eltern betonten, dass ihnen die religiöse Erziehung im Kindergarten wichtig sei. Andere wollten wissen, wie man denn mit Kindern aus verschiedenen Religionen von Gott reden könne. Einige Eltern meinten, dass Religion doch Privatsache sei und deshalb in der Kindertagesstätte nichts zu suchen habe. Die Erzieherinnen waren in dieser Diskussion mit ihrer eigenen Meinung ziemlich unsicher: Darüber müssen wir bald miteinander reden, beschlossen sie. Nun sitzen sie beieinander und äußern ihre Ansichten dazu.

- Religiöse Erziehung ist Sache der Eltern, da möchte ich mich gar nicht einmischen.
- In einem kirchlichen Kindergarten mag es ja noch angehen mit der religiösen Erziehung, nicht aber in einer kommunalen Einrichtung.
- Wenn alle Kinder christlich wären, könnte ich das vertreten, aber unsere muslimischen Kinder werden doch bei einer christlichen Erziehung ausgegrenzt.
- Unsere Aufgabe ist es vielmehr, die Kinder, die nicht aus Deutschland stammen, zu integrieren.
- Für religiöse Erziehung fühle ich mich sowieso nicht kompetent genug.
- Von anderen Religionen habe ich viel zu wenig Ahnung, um den Kindern etwas vermitteln zu können.
- Wenn wir die muslimischen Eltern und Kinder zusammen mit den anderen zu einem Fest einladen und sie uns dabei etwas von ihren Bräuchen zeigen, ist das nicht viel wichtiger als eine christliche Erziehung, die doch nur auf die christlichen Kinder Rücksicht nimmt?
- Als Kind habe ich gerne religiöse Lieder gesungen und Geschichten aus der Bibel gehört. Warum soll das unseren Kindern vorenthalten bleiben? Da können doch auch die Kinder aus anderen Religionen mitmachen.
- Das Religiöse gehört zu unserem Leben dazu. Überall stößt man bei uns auf Spuren des christlichen Glaubens, und immer mehr auch auf andere Religionen. Damit müssen wir irgendwie zurecht kommen.
- Diese Aufgabe können wir uns nicht aufhalsen, mit den Kindern auch noch über die Religionen zu reden.
- Mit dem Reden allein ist es doch nicht getan. Religiöses muss man mit voller Über-

zeugung mitmachen, sonst ist es nicht echt.

- Dazu können wir ja ab und zu den Pfarrer einladen.
- Und was machen wir dann mit den muslimischen Kindern?
- Mit der Kirche habe ich sowieso wenig am Hut. Und wenn ich an Gott denke, dann bin ich mir gar nicht sicher, ob es ihn wirklich gibt. Wie soll ich da mit den Kindern eine religiöse Erziehung machen?
- Mit dem Besuch eines Pfarrers ist es doch nicht getan. Wenn wir es mit der religiösen Erziehung Ernst meinen, brauchen wir dafür ein Konzept.
- Die Frage nach Gott hat mich trotz meiner Zweifel eigentlich nicht losgelassen. Ich finde es schade, wenn Kinder ohne einen Bezug zu Gott aufwachsen müssen.

Und in anderen Religionen geht es doch auch um Gott.

- Sollen wir neben dem Pfarrer jetzt auch einen muslimischen Imam einladen?
- Ich meine, im Kindergarten ist es zu früh, den Kindern die Unterschiede zwischen den Religionen beizubringen.
- Genügt es denn nicht, die Kinder in einem humanen, menschenfreundlichen Sinn zu erziehen, und da tun wir mit unserer interkulturellen Arbeit viel! Muss man sie da noch mit unverständlichen Glaubenssätzen vollstopfen?
- Es geht doch eigentlich um Erziehung zur Toleranz. Und das heißt doch wohl, dass sich niemand in die religiösen Überzeugungen von anderen einmischen soll. Oder?

In welchen dieser Aussagen können Sie sich selbst wiederfinden?
Welche erscheinen Ihnen stimmig, welche nicht?
Über welche würden Sie gerne mit anderen genauer nachdenken?

In diesem Buch können Sie solchen Fragen weiter nachgehen und Wege zu einem tragfähigen interreligiösen Konzept finden.
Im ersten Kapitel gehen wir dem Zusammenhang von interkulturellem und interreligiösem Lernen nach. Dabei zeigt sich, dass die religiöse Thematik Aufgabenstellungen mit sich bringt, die mit interkulturellen Ansätzen noch nicht genau genug erfasst werden (▶ S. 12 ff.).
Das nötigt uns dazu, uns im zweiten Kapitel zunächst genauer über die Besonderheiten der religiösen Erziehung zu vergewissern. Wir lernen die religiöse Dimension als Teil des menschlichen Fühlens, Denkens und Handelns kennen, die deshalb auch zu Erziehung und Bildung dazugehört (▶ S. 17 ff.).
Das biblisch-christliche Menschenbild hilft uns, diese religiöse Dimension in der Erziehung genauer zu beschreiben. Der interreligiöse Ansatz begegnet uns hier zum ersten Mal mit einer breit angelegten Basis von Gemeinsamkeiten zwischen den Religionen, aber auch mit dem Problem, wie wir mit Eltern umgehen sollen, die dieser Sicht des Menschen nicht zustimmen (▶ S. 22 ff.).
Wir bedenken im Folgenden die Unterschiede zwischen religiösen Traditionen. Sie sind die entscheidende Herausforderung interreligiöser Erziehung, an ihnen muss sie sich bewähren (▶ S. 27 ff.).
Zunächst stellen wir uns häufig zu beobachtende erzieherische Reaktionen auf die religiöse Vielfalt vor Augen und prüfen sie auf ihre Tragfähigkeit (▶ S. 29 ff.).
Eine Orientierung an wesentlichen Grundsätzen und konkreten Arbeitsweisen im Umgang mit christlicher Überlieferung bereitet den Weg zu den interreligiösen Herausfor-

derungen und Lösungsvorschlägen vor. Zentrale Arbeitsweisen werden vorgestellt, die in den folgenden Überlegungen immer wieder aufgegriffen und weiter geführt werden (▶ S. 32 ff.).
Welche Konzeption weist uns den Weg? Wir nähern uns dem in diesem Buch zu Grunde liegenden interreligiösen Konzept, indem wir:

- am *multi*religiösen Ansatz uns der Aufgabe stellen, religiöse Vielfalt zuzulassen und
- am *mono*religiösen Ansatz die Notwendigkeit der Verwurzelung in einer Religion bedenken (▶ S. 39 ff.).

Wie lassen sich beide Zielsetzungen verbinden? Die Antwort auf diese Frage suchen wir im *inter*religiösen Ansatz, samt einem ersten Überblick über konkrete religionspädagogische Aufgaben (▶ S. 43 ff.).
Dass dieser Ansatz auch aus pädagogischer Sicht wichtig ist, machen wir uns an der geforderten »Fremdheitskompetenz« bewusst (▶ S. 44 ff.).
Nun ist der Weg frei, mit diesem Ansatz durch die konkreten Aufgaben- und Problemfelder interreligiöser Erziehung zu gehen. Wir nehmen die Personengruppen ins Blickfeld, um die es dabei geht.
Das sind zum einen die Erziehenden: So wie sie in der religiösen Erziehung überhaupt mit ihrer Person gefordert sind, gilt das auch in der interreligiösen Erziehung (▶ S. 46 ff.).
Dann bedenken wir die Situation der Kinder und was sie durch interreligiöse Erziehung für sich gewinnen können (▶ S. 55 ff.).
Wie kann interreligiöse Erziehung in einem (kirchlichen) Kindergarten Gestalt gewinnen, zu dessen Profil eine christliche Grundorientierung gehört? (▶ S. 59 ff.)
Was heißt das für die Zusammenarbeit und die Gespräche mit den Eltern, nicht nur Mitgliedern anderer Religionen, sondern auch Konfessionslosen, religiös Distanzierten? (▶ S. 62 ff.)
Indem wir uns auch den Grenzen interreligiöser Erziehung stellen, kann das vor zu hoch geschraubten Erwartungen und damit verbundenen Enttäuschungen schützen (▶ S. 70 ff.).

In einem dritten theologischen Kapitel fragen wir, ob und inwiefern interreligiöse Verständigung auch zum Selbstverständnis des christlichen Glaubens gehört. Wir verfolgen eine Entwicklung, die vom Anspruch, allein im Besitz der Wahrheit zu sein, zur Dialogfähigkeit mit anderen Religionen führt. Erzählvorschläge zu zwei biblischen Geschichten ergänzen diesen Teil, in ihnen geht es um die Begegnung mit Menschen, die nicht an den einen Gott glauben (▶ S. 75 ff.).
Wo überall im Alltag der Kindertagesstätte kann interreligiöse Erziehung praktiziert werden? Das ist die Leitfrage des vierten Kapitels.

Wir klopfen das Zusammenleben aller Beteiligten in der Kindertagesstätte auf solche Möglichkeiten hin ab (▶ S. 91 ff.).
Wir versuchen uns im Feld religiöser Gemeinsamkeiten und Unterschiede – selbst und zusammen mit den Kindern – sicherer zu bewegen: Wie tut sich schon innerhalb des christlichen Glaubens der Umgang mit Unterschieden auf und dann auch in der Begegnung von Christentum und Islam? Von den biblischen Gestalten in Bibel und Koran spannt sich der Bogen bis zu den religiösen Festen (▶ S. 104 ff.).
Grundlegende Informationen zu den verbreitetsten Religionen geben im fünften Kapitel erste Orientierung und laden dazu ein, sich näher mit ihnen zu beschäftigen (▶ S. 138 ff.).

Kapitel 1
Interkulturelle und interreligiöse Erziehung

Interkulturelles und interreligiöses Lernen sind eng miteinander verbunden. Kulturelle Traditionen prägen auch religiöse Verhaltensweisen, etwa wenn religiöse Lieder den Stil der Zeit aufnehmen, und umgekehrt formen religiöse Überlieferungen kulturelle Eigenart, was sich gut am Brauchtum zu den Festen des Jahreskreises ablesen lässt. So gesehen lässt sich interreligiöse Erziehung weithin auch mit den Zielsetzungen interkulturellen Lernens erfassen:
Es gilt von Vorstellungen Abschied zu nehmen, wonach eine einheitliche kulturelle Tradition in unserem Land das Erstrebenswerte sei und andere Traditionen eher als störend empfunden werden: Man müsse sie wohl dulden, aber sie sollten doch besser im Hintergrund bleiben. Dem entgegen gilt es wahrzunehmen und zu akzeptieren, dass unsere Gesellschaft multikulturell geworden ist. Dem entsprechend gilt: In unserem Land ist die multi*religiöse* Situation zum Normalfall geworden. Die religionspädagogische Aufgabe lautet daher, mit religiöser Vielfalt nicht als etwas Ungewöhnlichem, sondern als etwas Normalem, Alltäglichen umgehen zu können, d.h. ganz bewusst im Angesicht solcher Vielfalt den eigenen Glauben zu leben.

Im inter*kulturellen* Lernen soll eine größtmögliche Basis gemeinsamer Verhaltensweisen gewonnen werden, die für das Zusammenleben in einer Gesellschaft unentbehrlich ist. Das reicht von der gemeinsamen Verpflichtung auf die Grundwerte unserer Verfassung bis zur Verständigung in der deutschen Sprache, von den Ritualen des Alltags bis zu unseren Bildungsinhalten. Auch inter*religiöses* Lernen zielt auf solche Basis, sei es im Blick auf den Glauben an einen Gott, der Judentum, Christentum und Islam verbindet, sei es in der weiterreichenden Sensibilität für spirituelle Bedürfnisse und Suche nach religiöser Sinndeutung in den Religionen und auch im Engagement für Frieden und Gerechtigkeit unter den Menschen und für die Erhaltung der Schöpfung.

Kulturelle Andersartigkeit wirkt aber oft auch befremdend. Inter*kulturelles* Lernen zielt deshalb auch darauf, solche Fremdheitserlebnisse nicht zu überspielen und zu leugnen, sondern sich ihnen zu stellen. Es gilt Umgangsweisen mit dem Fremden als dem Anderen und zuweilen auch Befremdlichen zu erwerben und sich damit Möglichkeiten der Verständigung zu eröffnen. Das ist mehr als Freude an fremder Folklore, nämlich ernsthaftes Interesse an und Verstehen lernen des Anderen. Im inter*religiösen* Bereich heißt das, sich der Fremdheit anderer Religionen bewusst auszusetzen, die religiöse Glaubwürdigkeit und Ernsthaftigkeit ihrer Mitglieder zu spüren, in der Regel auch in dem Bewusstsein, dass diese Religion wohl kaum zur eigenen werden wird. Neugier und Interesse einerseits und Distanzerlebnisse andererseits liegen da eng nebeneinander, und damit gilt es umzugehen.

Der Prüfstand inter*kulturellen* Lernens sind weniger gemeinsame Feste als die Konflikte des Alltags, wenn unterschiedliche Verhaltensmuster aufeinander prallen, Missverständnisse entstehen, Unsicherheit und auch Fehlentscheidungen einander hochschaukeln. Genauso muss sich inter*religiöse* Erziehung solchen alltäglichen Konflikten stellen, wenn etwa religiöse Entfremdung vom Elternhaus befürchtet wird, wenn andere sich in ihren religiösen Einstellungen missachtet und verletzt fühlen.

Inter*kulturelles* Lernen heißt, Etikettierungen abzuwehren, Differenzierungen genau wahrzunehmen und auch zwischen ethnischen und sozialen Konflikten unterscheiden zu lernen. Kulturelle Traditionen haben je nach persönlicher Biografie und Lebenssituation ganz verschiedene Bedeutung. Dem entsprechend muss inter*religiöse* Erziehung Religion in der Vielfalt ihrer Erscheinungsformen in den Blick nehmen. So unterschiedlich religiöse Verhaltensweisen und Einstellungen bei Christen sind, so sind sie es etwa auch bei Muslimen.

Inter*kulturelles* Lernen thematisiert in besonderer Weise die Elternarbeit. Vor allem die Eltern sind es ja, die mit der Spannung zwischen eigener kultureller Herkunft und den jetzigen Lebensverhältnissen zurecht kommen müssen. Im *religiösen* Bereich spitzt sich diese Spannung oft noch zu, wenn das Kind von der religiösen Sozialisation im Elternhaus zur religiösen Erziehung in einem christlichen Kindergarten wechselt, die Eltern ihr Kind christlichen Erzieherinnen und Erziehern anvertrauen. Interreligiöse Erziehung ohne begleitende Elternarbeit kann nicht gelingen.

Auffällig ist nun, dass trotz solch eines engen Zusammenhangs von interkulturellem und interreligiösem Lernen die religiöse Dimension in der interkulturellen Pädagogik nur am Rande vorkommt. Deshalb wird in diesem Buch der Blick vor allem auf die interreligiösen Bezüge gerichtet. Aufgaben interkulturellen Lernens schwingen dabei immer mit, bleiben aber eher im Hintergrund, damit der Blick für die spezifischen Zuspitzungen auf das interreligiöse Lernen frei ist.

Ein Grund für die auffällige Zurückhaltung interkultureller Pädagogik im religiösen Bereich mag auch darin liegen, dass interreligiöse Erziehung sich gegenüber manchen Zielen interkultureller Erziehung als sperrig erweist. Das gilt für die Zielsetzungen, in denen es um die sicherlich interkulturell nötigen Integrationsleistungen geht. Frühere kulturelle Identität soll durch die Begegnung mit dem Neuen erweitert werden. Im öffentlichen Bereich sind solche Anpassungen gefordert, um an wirtschaftlichen Aktivitäten und an gesellschaftlicher Kommunikation teilnehmen zu können. Im privaten Bereich dagegen kann die kulturelle Verwurzelung in der Heimatkultur weiter gepflegt werden. Religion wird zunehmend diesem Bereich zugeordnet und rückt damit aus dem Blick des öffentlichen Interesses.

Überlieferte Religionen erweisen sich gegenüber Verflechtungen mit anderen Traditionen als widerständig. Beim Spracherwerb etwa spricht Vieles dafür, Bilingualität von Muttersprache und deutscher Sprache zu pflegen – für eine islamisch-christliche Bireligiosität kann das aber sicherlich nicht gelten. Religionen haben ihren je spezifischen Wahrheitsanspruch, der sich nicht einfach mit dem anderer Religionen kombinieren lässt – ohne den religiösen Überlieferungen ihren Ernst und ihre Tiefe zu nehmen. Das gilt auch angesichts moderner Tendenzen, sich ganz individuell eine eigene Religiosität »zusammenzubasteln« – man spricht in diesem Sinne von Patchwork-Religiosität.
Der hier vertretene Ansatz geht davon aus, dass religiöse Identität durch den je eigenen Zusammenhang der überlieferten Religion bestimmt ist. Freilich ist jedes Individuum auch Gestalter seiner eigenen Religion, aber dies geschieht sinnvollerweise in der Auseinandersetzung mit der Religion, zu der man sich zugehörig fühlt, und mit Personen, die sie repräsentieren.

Auf die interreligiöse Erziehung kommen damit spezifische Aufgaben zu, die über den interkulturellen Zusammenhang hinaus weisen:

In der interreligiösen Erziehung stellt sich die Aufgabe, mit dem Anderen als dem Fremden umzugehen, noch direkter und unmittelbarer als in interkulturellen Zusammenhängen. Es ist nicht nur ein Aspekt unter anderen, sondern es ist ein roter Faden, der sich durch die verschiedenen Dimensionen interreligiöser Erziehung zieht. Die Frage

lautet: Wie ist Erziehung zu Verständigung und aktiver Toleranz möglich angesichts eines je verschiedenen Anspruchs auf Wahrheit, der mit Religion untrennbar verbunden ist?

Viele Zeitgenossen sind zu der Überzeugung gekommen, dass interreligiöser Dialog unmöglich scheint. Dazu geben unversöhnliche Gegensätze zwischen den Religionen und die Verfolgung Andersdenkender Anlass. Hier soll gerade angesichts solcher belastender geschichtlicher Erfahrungen versucht werden, die Möglichkeiten – und auch Grenzen – interreligiöser Erziehung auszuloten. Gerade in diesem schwierigen Feld der Verständigung sollen und müssen sich die Intentionen einer Erziehung zu Verständigung und Toleranz bewähren.

Weil Möglichkeiten gegenseitiger Anpassung im Bereich der religiösen Überlieferungen zurücktreten und es keine die einzelnen Religionen übergreifende Basis eines allgemeinen religiösen Verhaltens gibt, ist oft der Kontrast zwischen den religiösen Positionen im Elternhaus und in einem christlichen Kindergarten um so härter. Unterschiedliche religiöse Positionen prallen unvermittelt aufeinander. Um dies zu vermeiden, wird in der Praxis so oft interreligiöse Erziehung ausgeblendet. Wenn es keine allen gleichermaßen zugängliche religiöse Praxis gibt, wird eben überhaupt darauf verzichtet. Aber Religion gehört zum Menschsein dazu, zu Erziehung und Bildung. Christliche Träger und Eltern fordern religiöse Erziehung im christlichen Sinne, anders orientierte Eltern befürchten religiöse Manipulation ihrer Kinder und lehnen sie ab. Wie kann in diesem Spannungsfeld interreligiöse Erziehung begründet werden, die alle diese berechtigten Anliegen berücksichtigt? Das ist die Leitfrage, um deren Willen der Blick auf die interreligiöse Thematik konzentriert wird. Dabei sind auch mancherlei Sachfragen zu klären, die hier exemplarisch im Gegenüber zum Islam bedacht werden, ergänzt durch kurze Profile anderer Religionen.

Gerade weil interreligiöse Erziehung vor der beschriebenen Schwierigkeit steht, entstehen oft mehr Fragen, als es befriedigende Antworten gibt. Immer wieder geht es um ein Abwägen und Entscheiden – auch mit dem Risiko von Fehlentscheidungen. Auf den ersten Blick wird dieses Risiko in den folgenden Ausführungen bewusster und mag deshalb größer als vorher erscheinen. Aber nur durch sorgsames Reflektieren der je konkreten Gegebenheiten anhand grundsätzlicher Fragen- und Aufgabenstellungen kann interreligiöse Kompetenz wachsen. In ihr geht es darum, die Anwesenheit anderer Religionen nicht als Störung und Hindernis, sondern als Chance zu sehen – mit dem Ziel, den Kindern zu den Fähigkeiten zu verhelfen, die sie in einer multikulturellen und multireligiösen Gesellschaft brauchen.

Zum Weiterlesen:

Böhm/Böhm/Deiss-Niethammer: Handbuch interkulturellen Lernens. Theorie und Praxis für die Arbeit in Kindertageseinrichtungen, Freiburg, Basel und Wien 1999.

Kapitel 2
Religiöse und interreligiöse Erziehung

Mit Religiosität umgehen

Religiosität gehört zum Menschen dazu

So unterschiedlich die Vorstellungen von Religion in unserer Gesellschaft auch sein mögen, die Empfänglichkeit für Religiosität und Religion gehört zum Menschen dazu und damit auch zu seiner Erziehung und Bildung. Was ist damit gemeint? Religiosität lässt sich als das Bedürfnis und die Fähigkeit kennzeichnen, mit seinem Fühlen, Denken und Handeln die Grenzen des Alltäglichen zu überschreiten. Religiös sind die Urfragen des Menschen wie »Wo komme ich her? Wo gehe ich hin? Wozu bin ich da?« »Religion ist Sinn und Geschmack für's Unendliche« hat der Theologe und Pädagoge Friedrich Schleiermacher im letzten Jahrhundert definiert und damit genau dies gemeint: Religion ist das Sich-Hinausbewegen über das Alltägliche, das Grenzüberschreitende. Wo Religion in diesem Sinne fehlt, da wird Leben auf das Vorfindliche, Gegebene, Machbare reduziert.

In jedem steckt die Fähigkeit, über das Vorfindliche hinaus zu denken und sich Fragen zu stellen, auf die man nicht mit Ja oder Nein antworten kann. Schon kleine Kinder fragen, woher die Menschen und die Tiere kommen und wohin sie gehen, wenn sie sterben. Das Staunen angesichts des klaren Sternenhimmels ist etwas Religiöses, wie auch das Nachdenken darüber, wozu es die Welt gibt und wozu die Menschen auf der Welt sind. Mit Kirche und christlichem Glauben muss das noch nichts zu tun haben. Wenn Religiosität mit unserem Leben untrennbar verbunden ist, dann soll sie auch in der Kindertagesstätte ihren Platz finden. Sie ist nichts Abgegrenztes neben den sonstigen Erziehungsaufgaben, sondern sie gehört mit hinein in das gemeinsame Leben und Lernen.

»Religiös erziehen« heißt in diesem Sinne, die Grenzfragen unseres Lebens nicht auszuklammern, sondern mit den Kindern bewusst über den Tellerrand des Alltäglichen zu blicken, Muße zu haben, um die Wunder unserer Welt wahrzunehmen, das tiefere Sehen nach innen wie nach außen zu pflegen.

Konsequenzen für die Kita

Gefordert ist eine entsprechende religiöse Sensibilität der Erziehenden. Überall im Lebenszusammenhang der Kindertagesstätte ist diese religiöse Dimension greifbar, dieses Sich-Hinausbewegen über die Grenzen des Alltäglichen, Gewohnten, Vorfindlichen. Dabei geht es noch gar nicht um konkretes Machen, Planen, Bewirken, sondern mehr um ein Präsentsein, bewusstes Wahrnehmen, an sich Heranlassen. Gemeint ist eine elementare Wachheit für die Dimension des Religiösen in den Zusammenhängen des alltäglichen Lebens.

Ein erster Bereich, in dem sich dies aufzeigen lässt, ist der ethische. Landläufig-traditionell wird Religiöses ja immer zuerst am Moralisch-Ethischen festgemacht. Glauben – das ist zuerst einmal das Halten der Gebote. Aber was ist das Religiöse an den Fragen nach dem rechten Tun und Verhalten? Und die Antwort lautet: dass sich unser Verhalten aus Quellen speist, die unserem eigenen Tun voraus liegen, und dass es an Kriterien zu messen ist, die sich nicht nur an eigenen Bedürfnissen und Wünschen orientieren. Religiöse Sensibilität heißt in diesem Sinne: Zum einen in den Fragen nach dem rechten Tun immer auch mit zu überlegen, was uns die Kraft zu ihm gibt, was uns zum Tun des Guten ermutigt; zum anderen immer wieder hinter das »Richtig« oder »Falsch« zurückzufragen nach dem Woher dieser Maßstäbe. Tiefer als die Fragen nach dem, was zu tun ist, nach richtigem oder falschem Verhalten gehen die religiösen Fragen nach dem, woran wir in unseren Entscheidungen Maß nehmen. Von welchem Bild des Menschen her handeln wir, und wo ist es verankert? Religiöse Sensibilität heißt hier, über das nachzusinnen, was unser Tun leicht oder schwer macht, was uns zum Tun ermutigt oder hindert, und immer wieder neu nach den Kriterien unserer Entscheidungen zu fragen. Dazu gehört auch, immer mehr von den Adressaten, d.h. den Empfängern unseres Handelns her denken zu lernen. Und es schließt den Umgang mit dem Versagen in solches Nachdenken mit ein. Es gibt Hoffnungen auf Gelingen Raum, die über das hinausgehen, was wir und andere Menschen aus eigener Kraft jetzt leisten können.

Als in den 70er Jahren der situationsorientierte Ansatz bekannt wurde, standen die zu entwickelnden Fähigkeiten des Problemlösens im Vordergrund. Schon damals wurde von religionspädagogischer Seite aus das häufige Fehlen der religiösen Dimension angemahnt. Und es ging damit wiederum um den Blick hinter den Bereich des unmittelbaren Handelns. Die von Erikson beschriebenen Lebenskrisen in der Persönlichkeitsentwicklung boten dazu fruchtbare Anregungen: Urvertrauen gegen Urmisstrauen, Autonomie gegen Scham und Zweifel, Initiative gegen Schuldgefühl usw. Die religiöse Bedeutung dieser elementaren Lebensaufgaben ist inzwischen in der Fachliteratur ausführlich bedacht worden. Religiöse Sensibilität in der Kindertagesstätte meint, im Zusammenleben mit Kindern zu spüren, wo sie um Vertrauen, Autonomie und Initiative ringen und ihnen Hilfe und Unterstützung anzubieten. Das zielt auf Stärkung der Person des Kindes, durch das Angebot konkreter Beziehung, durch Geschichten, die eben solche Lebenskrisen und deren Bewältigung thematisieren, durch Rituale und Symbole, in denen sich solche Erfahrungen und das Hoffen auf deren Geltung festhalten lassen. Religiöse Sensibilität zeigt sich in der Zuwendung zu den Kindern, in der Vielfalt der Angebote von den Märchen bis zu Symbolen, die Quellen der Ermutigung aufschließen. Religiosität lässt sich auch verstehen als Er-

leben eines Gegenübers, das die Erfahrung unverbrüchlichen Vertrauens stiftet, Autonomie fördert, zu Initiativen auch angesichts von Scheitern ermutigt.

Es geht also um einen geschärften Blick dafür, wo überall in alltäglichen Lebensvollzügen dieses Fragen nach dem eigenen Woher und Wohin aufbrechen kann. Wo etwa kann sich der Blick nach außen, die aktive Auseinandersetzung mit der umgebenden Welt zum Blick nach innen wenden, zu dem Empfinden, selbst getragen zu sein? Wo im täglichen Leben sind die Zeichen gesetzt, die uns zum Überschreiten des Vordergründigen und zum Erspüren des Hintergründigen anregen? Wo wird zum Nachdenken über das Erlebte eingeladen? Wo wird Religiosität als das Grenzüberschreitende spürbar?

Was trägt z.B. die Gestaltung der Räume in der Kindertagesstätte dazu bei, dass Religiosität im Sinne solcher Grenzüberschreitung angeregt und gepflegt wird? Wie leitet und begleitet sie den Wechsel von äußerer zu innerer Aktivität und umgekehrt? Wie kann das in analoger Weise in der Zeitgestaltung geschehen? Gibt es Zeiten, in denen das Sich-nach-innen-Wenden der äußeren Eindrücke und Tätigkeiten seinen Ort bekommt? Stilleübungen, einfache meditative Formen finden bei den Kindern Anklang, weil sie das ermöglichen, was sonst oft übersehen und übergangen wird. In manchen Formen des Spiels wird das Vorfindliche fantasievoll auf das Mögliche hin überschritten. Umgekehrt stärkt auch das verlässlich Wiederkehrende in Ritualen den Blickwechsel von außen nach innen. Neben dem Entdecken der Mit- und Umwelt als der einen Seite kindlicher Tätigkeit gewinnen auf der anderen die Zonen des Geheimnisvollen ihre eigene Bedeutung. Neben das Erkennen der Gesetzmäßigkeiten der Welt tritt das bewusste Anders-Sehen, wie es im kreativen Gestalten und im Umgang mit Werken der Kunst geübt und gepflegt werden sollte. In diesem Sinne gilt es den bekannten Situationsansatz fortzuschreiben, um der religiösen Dimension jeden Lebens das ihr zustehende Gewicht zu geben.
Entgegen der landläufigen Ansicht von den begrenzten kognitiven Fähigkeiten der Kinder gibt es überraschende Entdeckungen, wie tiefgründig schon kleine Kinder fragen und denken können. Aber das fordert die Fähigkeit der erwachsenen Gesprächspartnerinnen und -partner heraus, zum einen solche Tiefgründigkeit überhaupt wahrzunehmen und zum anderen, sich auf sie einzulassen. Kinder denken theologisierend und philosophierend über Gott und die Welt nach und ringen auf ihre Weise und mit dem Denkwerkzeug der anschaulich-konkreten Vorstellungen mit den Urfragen des Menschseins. Zwischen Gott und der Welt trennen

sie noch nicht so säuberlich wie viele Erwachsene. Das Fragen nach Gott gehört genauso zum Philosophieren der Kinder dazu wie die Frage nach Leben und Tod zum Theologisieren. Hier zeigt sich das Bedürfnis der Kinder nach Religiosität in besonderer Weise – und es wird oft genug übersehen, überhört, bewusst oder unbewusst abgewiesen, weil sich die Erziehenden durch diese religiösen Fragen der Kinder verunsichert fühlen. Zur religiösen Erziehung in der Kindertagesstätte gehört auch die Bereitschaft und Fähigkeit der Erziehenden, über solchen Fragen mit den Kindern ins Gespräch einzutreten, solche Gespräche kompetent zu begleiten.

Die folgende Übersicht zeigt, wo überall die Sensibilität für Religiöses im Alltag der Kindertagesstätte zum Tragen kommen kann.

Religiöses im Alltag der Kinder

Raum:
Gibt es Zonen, die zum Innehalten, zu Nachdenklichkeit anregen?

Zeit:
Gibt es zeitliche Unterbrechungen, die einen Wechsel von Bewegungen nach außen und solchen nach innen anzeigen?

Erzählen:
Wird so erzählt, dass Kinder sich selbst mit ihren eigenen Erfahrungen, mit ihren eigenen Herausforderungen des Lebens darin wiederfinden können?

Gespräch:
Ist Raum für Gespräche, in denen die Gedanken bis zu den Grenzen der erfahrbaren Welt wandern können?

Spiel:
Wird Spielen als eine Weise ganz bei sich zu sein bzw. in der Beziehung zu anderen, erlebt?

Miteinander:
Wird das Miteinander daraufhin durchsichtig, was es heißt, zu einem größeren Ganzen dazuzugehören und entsprechend zu handeln?

Körper und Sinne:
Werden sie als etwas erlebt, das uns geschenkt ist, und in dem unsere unverwechselbare Einmaligkeit zum Ausdruck kommt?

Natur:
Wird umgebende Natur als Quelle von Freude, als Anlass zum Staunen, als Impuls zu schöpferischem Umgang erfahren?
Kultur:
Wird Kreativität in eigenem Schaffen und dem anderer Menschen als Geschenk erfahrbar?
Biografie:
Werden Geburtstage so gefeiert, dass die Gefeierten die Einmaligkeit ihrer Person erleben?
Jahreskreis:
Werden in den Feiern des Jahreskreises wichtige Grunderfahrungen des Lebens zugänglich?

Bei diesem weiten Verständnis von Religiosität geht es noch gar nicht um die Überlieferungen der verschiedenen Religionen, um Bibel oder Koran, um unterschiedliche Praxis des Betens oder die verschiedenen religiösen Feste im Jahreskreis. Wir haben hier eine breite Basis von Religiosität vor uns, in der Unterschiede zwischen den Religionen noch kaum zur Geltung kommen. Von ihr aus lässt sich gut ein Zugang zur religiösen Erziehung in der Vielfalt religiöser Einstellungen und Traditionen gewinnen. Der Vorteil dieses Ansatzes liegt auch darin, dass er gut zu den in den meisten Einrichtungen vertretenen erzieherischen Intentionen passt. Denn wem geht es nicht um eine Atmosphäre des Vertrauens, um die Erziehung zur Selbstständigkeit, um die Entwicklung der dem Kind innewohnenden Fähigkeiten?

Zum Weiterlesen:
Schweitzer/Scheilke (Hg): Kinder brauchen Hoffnung. Religion im Alltag des Kindergartens, Bd.1: Mit Geheimnissen leben, Gütersloh 1999.
Schweitzer: Das Recht des Kindes auf Religion. Ermutigungen für Eltern und Erzieher, Gütersloh 2000.

Das biblisch-christliche Menschenbild als Maßstab

Selbstverständlich ist auch zu berücksichtigen, dass sich diese Sicht des Menschen im Zusammenhang der christlichen Tradition entwickelt hat. Sie ist bestimmt vom biblisch-christlichen Menschenbild.

Psalm 8

Herr, unser Herrscher, wie gewaltig ist dein Name auf der ganzen Erde; über den Himmeln breitest du deine Hoheit aus. Aus dem Mund der Kinder und Säuglinge schaffst du dir Lob, deinen Gegnern zum Trotz; deine Feinde und Widersacher müssen verstummen.
Seh ich den Himmel, das Werk deiner Finger, Mond und Sterne, die du befestigt:
Was ist der Mensch, dass du an ihn denkst, des Menschen Kind, dass du dich seiner annimmst?
Du hast ihn nur wenig geringer gemacht als Gott, hast ihn mit Herrlichkeit und Ehre gekrönt.
Du hast ihn als Herrscher eingesetzt über das Werk deiner Hände, hast ihm alles zu Füßen gelegt.

Würde: Aus diesem Psalm des Alten Testaments, der Hebräischen Bibel, spricht eine enorme Hochschätzung des Menschen. Wir kennen sie auch aus den biblischen Schöpfungsberichten, in denen es heißt, dass Gott den Menschen zu seinem Ebenbild geschaffen habe (1. Mose 1,27). Diese Überlieferung hat sich auch in den demokratischen Verfassungen niedergeschlagen. Im deutschen Grundgesetz lesen wir: »Die Würde des Menschen ist unantastbar.«

Individualität: Jeder Mensch ist einzigartig, unverwechselbar. Menschliches Leben als Geschenk Gottes verstehen heißt, es in dieser Einmaligkeit zu akzeptieren. Erziehung nach dem christlichen Menschenbild stellt sich deshalb Tendenzen entgegen, die Menschen als austauschbare Rädchen in einem großen Räderwerk sehen wollen, um sie zu normieren und nur an vorgegebenen Standards zu messen.

Autonomie: Geschöpf Gottes zu sein heißt auch, aus der damit gegebenen Abhängigkeit von Gott zugleich anderen Menschen gegenüber frei zu sein. Immer wieder wurde und wird versucht, den Gehorsam Gott gegenüber umzuleiten zu einer Abhängigkeit von Menschen. Das christliche Menschenbild zielt auf die Freiheit, auf den »aufrechten Gang«, auf die Selbstständigkeit im eigenen Denken und Tun. Der Apostel Paulus hat es im Neuen Testament so formuliert: »Zur Freiheit hat uns Christus befreit! Bleibt daher fest und lasst euch nicht von Neuem das Joch der Knechtschaft auflegen!« (Gal 5,1).

Verantwortung: Zur Freiheit gehört die Verantwortung anderen gegenüber. Beides ist nach christlichem Verständnis untrennbar miteinander verbunden. Die Bibel spricht in diesem Zusammenhang von der Nächstenliebe. Jesus hat sie vorgelebt, indem er sich den Schwachen und Benachteiligten zuwandte. Sie gilt aber auch anderen Lebewesen, der ganzen Schöpfung Gottes. Alle Menschen sind nach biblischer Überlieferung dazu berufen, im Rahmen ihrer Möglichkeiten an der Erhaltung unserer Welt mitzuwirken.

Schuld und Vergebung: Von den ersten Seiten der Bibel an geht es auch um das Versagen der Menschen. Ichsucht und Blindheit für die Bedürfnisse anderer bringen Unheil über andere und einen selbst. Immer wieder scheitern Menschen an der Aufgabe, Gerechtigkeit und Frieden zu verwirklichen. Die biblische Sicht des Menschen beschönigt hier nichts. Aber sie betont auch, dass von Gott her immer wieder Vergebung geschieht und ein Neuanfang möglich wird.

Vertrauen: Immer wieder erzählt die Bibel davon, dass Gott Menschen verspricht, sie zu begleiten. Beziehung zu Gott ist von dem Vertrauen geprägt, dass Gott vorbehaltlos zu den Menschen hält und sie auch in schwierigen Situationen nicht im Stich lässt. In den Worten des 23. Psalms hat dieses Vertrauen bleibenden Ausdruck gefunden.

Psalm 23

Der Herr ist mein Hirte, nichts wird mir fehlen.
Er lässt mich lagern auf grünen Auen und führt mich zum Ruheplatz am Wasser.
Er stillt mein Verlagen; er leitet mich auf rechten Pfaden, treu seinem Namen.
Muss ich auch wandern in finsterer Schlucht, ich fürchte kein Unheil;
denn du bist bei mir, dein Stock und dein Stab geben mir Zuversicht.
Du deckst mir den Tisch vor den Augen meiner Feinde.
Du salbst mein Haupt mit Öl, du füllst mir reichlich den Becher.
Lauter Güte und Huld werden mir folgen mein Leben lang,
und im Haus des Herrn darf ich wohnen für lange Zeit.

Kreativität: Gott hat jeden Menschen mit Gaben und Fähigkeiten ausgestattet. Dazu gehört auch die Schöpferkraft, die Kreativität und Phantasie, aus der heraus immer wieder Neues und Überraschendes entstehen kann. Mit ihren Gaben sollen die Menschen Mitwirkende an Gottes Schöpfung sein. Das schließt auch die Neugier auf Neues, Unbekanntes ein, samt der Bereitschaft, sich darauf einzulassen. Ideenreichtum darf seinen Ausdruck finden in ungewohnten Gestaltungsformen.

Geheimnisvolles: Trotz allem Entdecken bleibt die Welt auch voller Rätsel und Geheimnisse. Fragen nach den Ursprüngen unserer Welt und unseres Lebens müssen offen bleiben. Uns Menschen ist aufgegeben, auch mit dem Unerklärbaren zu leben. So sehr sich Gott in vielerlei Weise zu erkennen gibt, bleibt er doch auch der Unzugängliche. Fragen nach Leid und Tod stehen hart neben den Erfahrungen von Gottes Liebe.

Hoffnung: Aber nach biblischem Verständnis werden solche dunklen Erfahrungen umgriffen von der Hoffnung, dass Gott auch in aussichtslos erscheinenden Situationen neuen Raum zum Leben eröffnen wird. Hoffende sehen in Gott die Quelle neuer Möglichkeiten, die sich auftun werden.

Biblisch-christliches Menschenbild und andere religiöse Vorstellungen

Vieles an diesem christlichen Menschenbild gehört zu den unwiderruflichen Erziehungszielen im Blick auf alle Kinder – nicht nur auf die Angehörigen der christlichen Konfessionen. Sie sind in die Standards einer wissenschaftlich begründeten Pädagogik eingegangen und beanspruchen so Allgemeingültigkeit. Wenn aber dieses Menschenbild christlichen Ursprungs ist, wie verhält es sich dann zu Menschenbildern aus anderen religiösen Traditionen? Damit sind wir schon mittendrin in interreligiösen Aufgabenstellungen.

Das christliche Menschenbild kann uns Anlass sein, bei anderen Religionen nach Gemeinsamkeiten zu suchen. Je pluraler unsere Gesellschaft wird, desto wichtiger ist es, die Grundsätze der Wertschätzung jedes Lebens auf eine möglichst breite Basis zu stellen. Andere religiöse Traditionen können so die christliche Sicht des Menschen bereichern. Im Blick auf die Verantwortung gegenüber allem Leben könnten wir Christen von buddhistischen Traditionen Einiges lernen. Um das Angebot von Vergebung geht es auch im Koran. Wichtig ist also, hinter den konkreten – und damit oft unterschiedlichen – religiösen Traditionen gemeinsame Grundüberzeugungen zu suchen und aufzudecken. Sie können uns darin bestärken, noch jenseits des Umgangs mit solchen Traditionen die Sensibilität für Religiöses im Sinne der Wertschätzung jedes einzelnen Kindes zu fördern.
Aspekte des biblisch-christlichen Menschenbilds prägen das Selbstverständnis in unserer abendländischen Gesellschaft. Die Menschenwürde ist verfassungsrechtlich verankert und steht auch in der interreligiö-

sen Verständigung nicht zur Disposition. In diesem Sinne sollten auch die beschriebenen Einzelzüge des zum Leben ermutigenden christlichen Menschenbildes unwiderruflich sein. So gesehen sind seine Merkmale wichtige *Prüfsteine* gegenüber andersartigen religiösen Ansprüchen. Sie werden vor allem aus eher fundamentalistischen Kreisen an uns herangetragen, in denen oft die Freiheit des Einzelnen dem absoluten Gehorsam gegenüber religiösen Richtlinien und Autoritäten untergeordnet wird. Religionsgemeinschaften begegnen uns vielfach in einem Spektrum verschiedener Ausprägungen, die von Abschottung gegenüber Andersgläubigen bis zur offenen Gesprächsbereitschaft, von rigiden Gehorsamsforderungen bis zur Respektierung individueller Urteile und Einstellungen reichen. Aus den Medien kennen wir fundamentalistische Strömungen des Islam, deren Mitglieder den Gehorsam gegenüber den religiösen Autoritäten höher achten als das eigene Menschenleben und das anderer. Ist uns bewusst, dass uns hier das fundamentalistische Extrem dieser Religion vor Augen gestellt wird? Wir haben darauf zu achten, dass wir andere Religionen nicht vorschnell mit ihrem fundamentalistischen Extrem identifizieren.

Fundamentalistische Strömungen gibt es auch im eigenen Lager der christlichen Religion. Auch christliche Überlieferung bot und bietet immer wieder Anlass, einen Gott zu verkünden, der nicht zum eigenen Leben befreit und zum Glauben ermutigt, sondern der rigoros fordert und durch Sanktionen und Strafen wirkt. Gelegentlich wollen Eltern das Erzählen von Märchen verwehren: Die seien doch heidnischen Ursprungs und hätten mit dem christlichen Glauben nichts zu tun. Oder es werden biblische Geschichten eingefordert, in denen es vor allem um den strafenden Gott geht und die Forderung eines absoluten Gehorsams.
So kommt es in der Einrichtung zu Konflikten, in denen verschiedene Einstellungen und Erwartungen aufeinanderprallen. Das Elternrecht steht auf der einen Seite, das von den Erziehenden in ihrer Sicht vertretene Wohl des Kindes auf der anderen. Wie kann zwischen diesen Ansprüchen ein vertretbarer Weg gesucht, wie können Lösungen gefunden werden?

Zeugen Jehovas lehnen die Feier des Geburtstags ab. Für die Erzieherinnen ist aber gerade der Geburtstag der Anlass, dem Kind in besonderer Weise Anerkennung, Ermutigung, Wertschätzung, Bewusstsein seiner Einmaligkeit zukommen zu lassen. Übrigens kennt auch der Islam keine Feier des Geburtstags – auch wenn sich viele muslimische Familien inzwischen unserer Tradition angepasst haben.

Würden Sie, um die Diskriminierung einzelner Kinder zu vermeiden, auf alle Geburtstagsfeiern verzichten?
Oder würden Sie sich einfach über den Willen der Eltern hinwegsetzen?
Oder würden Sie mit den Eltern das Gespräch suchen? Welche der folgenden Gesichtspunkte wären Ihnen für dieses Gespräch besonders wichtig?

- *Verdeutlichen, dass der Geburtstag und die damit verbundene Wertschätzung des Kindes vom christlichen Menschenbild her unverzichtbar sind?*
- *Respektierung des Elternwillens und der dahinter stehenden religiösen Überzeugung?*
- *Hinweis, dass der Verzicht auf den Kindergeburtstag im Blick auf das Kind sehr bedauert wird?*
- *Suche nach Kompromisslösungen (das Kind bleibt an diesem Tag zu Hause; Suche nach einem Tag im Jahr, an dem die Kinder, deren Geburtstag nicht gefeiert wird, besonders herausgehoben und geehrt werden)?*
- *Bereitschaft, dem Kind zu erklären, dass es sich mit seinem Geburtstag anders verhält als bei den anderen, dass es aber genauso »lieb und wert« ist?*

In einer kleinen Runde kommen die Kinder auch auf Gott zu sprechen und machen sich Gedanken, wie er wohl aussehen mag. Interessant und fantasievoll sind die Vorstellungen, die die Kinder einbringen. Jetzt machen sie sich mit Feuereifer daran, Bilder von Gott zu malen, auch die muslimischen Kinder. Aber Sie wissen, dass es Muslimen verboten ist, sich Bilder von Gott zu machen. Was tun?

Unterbinden Sie die ganze Malaktion?
Oder versuchen Sie die muslimischen Kinder aus dieser Gruppe »wegzulocken«?
Oder lassen Sie die Aktion einfach »laufen«?
Oder suchen Sie das Gespräch mit den Eltern? Welche der o.a. Gesichtspunkte wären Ihnen bei diesem Gespräch wichtig?

Religiöse Traditionen gestalten

Religiosität der Menschen fand und findet seit je her ihren Ausdruck in konkreten Religionen mit ihren je eigenen Überlieferungen. Religionen haben ihre Geschichte, in der sich Glaubensinhalte entwickelt haben. Dazu gehören:

- Vorstellungen von einem göttlichen Gegenüber bzw. göttlichen Prinzipien oder Kräften
- Überzeugungen und Einstellungen der Glaubenden zu unserer Wirklichkeit im Lichte dieses Glaubens
- religiöse Verhaltensweisen als Ausdruck der eigenen Gottesbeziehung wie Gebet, Gottesdienst und andere Rituale

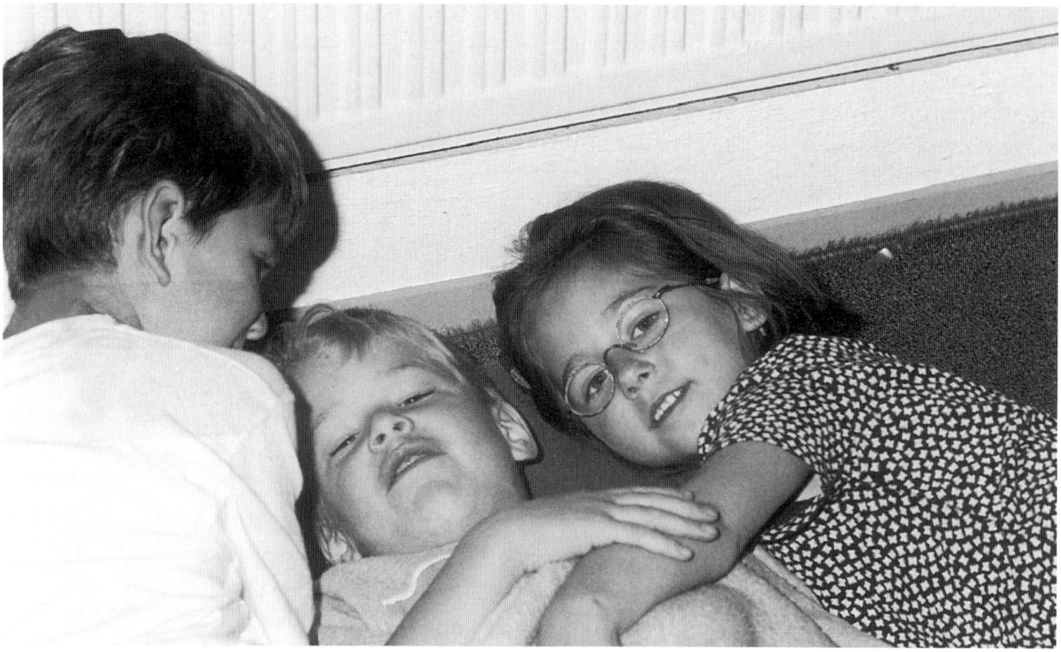

- besondere Haftpunkte wie Bilder, Symbole, Worte und Gesten
- Forderungen an die Lebensführung
- Feste im Jahres- wie im Lebenslauf

In all diesen vielfältigen Formen kommt Frömmigkeit zum Ausdruck, die tief im Menschen wurzelt und das Leben in seinen verschiedenen Dimensionen beeinflusst. Für Religion ist also demnach kennzeichnend, dass sich Menschen zu bestimmten überlieferten Glaubensvorstellungen und zu deren Geltung für ihr Leben bekennen und entsprechende Verhaltensweisen in der Gemeinschaft der Gleichgesinnten ausüben.

In unserem kulturellen Raum ist das die christliche Religion, wie sie in den verschiedenen Kirchen in Erscheinung tritt. Deutlich wird dabei auch, wie religiöses Denken und Handeln eng mit den kulturellen Traditionen verknüpft ist. Künstler haben sich bis in die Gegenwart in Zustimmung oder Abgrenzung mit christlichen Themen auseinandergesetzt; die Alltagssprache ist durchsetzt mit religiösem Vokabular (z.B. den

Ausruf »Mein Gott!« oder den Spruch des Pilatus »Ich wasche meine Hände in Unschuld« usw.); das Zentralsymbol des christlichen Glaubens, das Kreuz, begegnet uns an Feldrainen und auf Berggipfeln.

Religiosität also lässt sich nicht ohne Bezug zu den religiösen Traditionen vermitteln. Solange sich fast alle Mitglieder einer Region einer einzigen Religion zurechneten, war das kein Problem. So war es durch die Jahrhunderte hindurch selbstverständlich, Kinder zur christlichen Religion hin zu erziehen. Aber die Zeiten haben sich geändert. Wir sind eine multikulturelle und multireligiöse Gesellschaft geworden, auch wenn viele das nicht wahrhaben wollen. Kindertagesstätten, in denen nur christliche Kinder betreut werden, sind heutzutage eher die Ausnahme. Familien kommen aus Südosteuropa, dem Nahen Osten, Asien. Mit anderen Kulturen und Nationalitäten treten auch andere Religionen in den Gesichtskreis. Religion begegnet in der Buntheit unterschiedlicher Erscheinungsformen. Sie wecken Neugier und machen bewusst, dass man über die anderen viel zu wenig weiß. Ein asiatischer Junge im Kindergarten trägt ein buntes Band um seine Hüften und weigert sich entschieden, es abzulegen. Warum wohl ist es für ihn so wichtig? Welche religiöse Bedeutung hat es? Türkische Kinder im Hort wirken seit einigen Tagen auffallend müde und abgespannt. Was ist mit ihnen los? Hat das etwas mit Ramadan zu tun?

Herausforderung durch religiöse Vielfalt

Manche halten unbeeindruckt von den gesellschaftlichen Veränderungen an der religiösen Erziehung in christlicher Gestalt fest. *»Wir sind doch ein christlicher Kindergarten«*, lautet die Begründung. *»Wer sich damit nicht abfinden kann, mag sich eine andere Einrichtung suchen. Und außerdem kann doch einer Erzieherin nicht zugemutet werden, sich in allen möglichen Religionen auszukennen. Bevor man im Umgang mit anderen Religionen Fehler macht, soll man es lieber bleiben lassen. Und außerdem werden die Kinder ja doch nur verwirrt, wenn man sie mit Verhaltensweisen aus unterschiedlichen Religionen konfrontiert. Heimisch werden kann man doch nur in einer Religion, und das soll in einer christlichen Bevölkerungsmehrheit oder gar in einem kirchlichen Kindergarten die christliche Religion sein.«*

Wer so denkt, drückt sich um Gegebenheiten in unserer Gesellschaft herum. Wenn Kinder aus religiösen Gründen an bestimmten Veranstaltungen nicht teilnehmen, weil sie kein Schweinefleisch essen dürfen, muss

dies hier totgeschwiegen werden. Die Kinder werden selbst nach Erklärungen suchen, ihre Fantasie spielen lassen. Und ob das erstrebenswert ist, sei dahingestellt.
Um solchen Problemen und auch Benachteiligungen von Mitgliedern anderer Religionen zu entgehen, verzichten viele auf religiöse Erziehung überhaupt. Wenn an Weihnachten nicht von Jesu Geburt die Rede ist, müssen sich muslimische Kinder auch nicht benachteiligt fühlen. Ist religiöse Erziehung nicht doch hauptsächlich Sache des Elternhauses? Und wenn in der Kindertagesstätte als öffentlicher Einrichtung mehrere Religionen vertreten sind, müsse eben das Elternhaus die Zugehörigkeit zum eigenen Glauben stärker fördern. Als Ausgleich dazu wird viel Inter*kulturelles* angeboten. Eltern backen und kochen Gerichte aus ihrer Heimat, internationale Lieder werden gesungen – das ist doch wirklich viel und kann sich sehen lassen.

Mit den religiösen Themen scheint es schwieriger zu sein als mit den kulturellen. Da ist sicher etwas dran. Über Glaubensfragen redet es sich nicht so leicht wie über andere Dinge. Aber ob nicht die überfordernde multireligiöse Vielfalt auch ein willkommenes Alibi dafür ist, um sich vor den oft als schwierig empfundenen Herausforderungen einer religiösen Erziehung zu drücken? Wenn Religiosität zum Leben dazugehört, dann kann das aus dem Erziehungsgeschehen nicht ausgeklammert werden. Eine Erzieherin, der es um die Ganzheitlichkeit des Menschen geht, muss auch die religiöse Dimension einbeziehen. Und wenn Religion die jeweilige Kultur prägt, dann hat das auch öffentliche Bedeutung und kann nicht einfach in die Privatheit der Familie abgeschoben werden. Es gehört auch zur Bildung dazu, sich – wenigstens im Überblick – mit den Religionen vertraut zu machen, die in unserer Gesellschaft wirksam sind.

Kopftuchaffäre

Vor Jahren erregte in Frankreich die sog. Kopftuch-Affäre Aufsehen. In einer weiterführenden Schule in Paris erschienen drei maghrebinische Mädchen muslimischen Glaubens zum Unterricht im traditionellen islamischen Schleier, dem Schador, unter Berufung auf den Koran. Das führte zu Konflikten in der Klasse. Dabei wurde deutlich, dass die für Frankreich bestimmende strikte Trennung zwischen Kirche und Staat und das Zurückdrängen der religiösen Bezüge aus den öffentlichen Bildungseinrichtungen die religiöse Dimension in der Bildung viel zu stark ausgeblendet hatte, dass man viel zu wenig über die Religionen im eigenen Land wusste.

Wird aber dem Bildungsauftrag nicht eher eine religiöse Erziehung in Kindertagesstätte und Schule gerecht, die sich strikt auf das Weitergeben wichtiger Informationen beschränkt? Alle Kinder erfahren dann etwas über Christentum und Islam und evtl. andere vertretene Religionen – niemand muss sich dabei benachteiligt fühlen. Und niemand wird zu religiösen Verhaltensweisen genötigt, die ihm oder ihr fremd sind. Informationen bleiben neutral, niemand wird zu einer Beteiligung gedrängt. Es genügt doch, darüber zu informieren, welche Feste Christen und Muslime feiern und welche Inhalte diese Feste haben. Es reicht doch wohl zu wissen, dass unterschiedliche Religionen verschiedene Gebetsgesten haben, und dass sie aus verschiedenen Offenbarungsschriften schöpfen. Erzieherinnen sollte dem entsprechend das nötige Basiswissen zu den einzelnen Religionen bereitgestellt werden, damit sie zur rechten Zeit Auskünfte geben können. Auch eine islamische Mehrheit in einem christlichen Kindergarten wäre dann kein Problem mehr, die Gewichte in den Informationsbereichen müssten nur entsprechend verändert werden.

Diese Forderung findet in der Bevölkerung viel Anklang. So bekam in einer Untersuchung von 1993 zu bevorzugten Konzeptionen des Religionsunterrichts bei Lehrerinnen und Lehrern in Norddeutschland das Konzept eines streng objektiven Unterrichts auf der neutralen Ebene reiner Informationsvermittlung über christliche und andere Religionen höchste Zustimmungsraten. Analoges galt für das Interesse von Jugendlichen am Religionsunterricht. Keiner Religion soll ein »Mehrwert« gegenüber einer anderen zugestanden werden. Religionskunde ist das konzeptionelle Stichwort für eine religiöse Erziehung, die nicht für eine der religiösen Angebote Partei ergreift, sondern Distanz wahrt.

Aber auch diese Konzeption kann nicht zufriedenstellen. Bloße Informationen können der Bedeutung von Religion für die eigene Lebenspraxis nicht gerecht werden. Sie gehen an dem vorbei, was Religion im Lebenszusammenhang zu bieten hätte, an Ernsthaftigkeit, an Sinnstiftung, an Weltdeutung, an Kraftquellen, auch an Kritikpotenzial, an Widerständigkeit. Erinnern wir uns an unseren Ausgangspunkt bei der Religiosität. Sie ist tief mit den innersten Fragen eines Menschen verbunden. In ihr geht es um das Vertrauen, in dieser Welt geborgen zu sein. Sie schenkt der eigenen Person Verwurzelung und Orientierung. Das Besondere einer Religion ist, dass in ihr Religiosität lebendig wird – und das geht über bloße Information weit hinaus. Wer zwischen gelebter Religion in der Familie und bloßen Informationen im öffentlichen Erziehungs- und Bildungswesen trennen möchte, reißt auseinander, was unbedingt zusammengehört. Religiosität

und Religion erleben, das heißt – hinein genommen zu werden in religiöse Vollzüge für »Kopf, Herz und Hand«. Es geht um Wahrnehmen und Wissen, um das Erleben der besonderen Atmosphäre, die das gemeinsame Tun bestimmt, auch um das Vertrautwerden mit Formen, denn nur so können sie einem lieb und wert werden.
Bevor wir uns den interreligiösen Herausforderungen beim Umgang mit religiösen Traditionen zuwenden, stellen wir uns kurz vor Augen, worum es in einer christlich-religiösen Erziehung geht bzw. gehen sollte.

Merkmale des Umgangs mit christlichen Überlieferungen

Es geht um den ganzen Menschen

Glaube ist Beziehung zu einem göttlichen Gegenüber, die neben dem Wissen das Gefühl der Zugehörigkeit einschließt.

Biblische Geschichten

Hören einer biblischen Geschichte heißt nicht nur, ihren Inhalt kennen zu lernen, sondern sich mit Personen der Geschichte zu identifizieren, mitzuempfinden, was sie bedrückt, Anteil zu nehmen an ihrer Not und sich zu freuen über die Wende zum Guten. Wenn diese Wende durch Jesus bzw. Gott geschieht, werden die Zuhörenden selbst in diese Beziehung zu ihnen hineingenommen, spüren auch sie die Kraft des Glaubens, die von den Personen der Geschichte ausgeht. In einem Kindergarten wird die Geschichte von der Sturmstillung (Markus 4 / Matthäus 8) erzählt. Die Kinder erleben mit, wie die Jünger auf dem See Genezareth in dem aufkommenden Sturm in Seenot geraten, wie sie sich ängstigen, um Hilfe rufen, verzweifelt Wasser schöpfen und dann Jesus aufwecken. Mit eigenen Angsterfahrungen finden sie sich selbst wieder in dieser Geschichte. Und Jesu beruhigende Worte wirken auf die Menschen in dem Boot ein: Warum seid ihr denn so voller Angst? Ich bin doch da bei euch! Gott ist nahe bei euch, auch wenn ihr ihn nicht sehen könnt! Die Kinder lassen sich mit hinein nehmen in die Kraft, die von diesen Worten ausgeht, sie spüren selbst etwas von Gottes Nähe. Und sie genießen es, wie dann der See wieder ruhig ist und die Jünger aufatmen, erleichtert und voller Freude.
Das Erzählen biblischer Geschichten hat seine besondere Atmosphäre. Die Kinder sitzen eng aneinander gerückt auf dem Erzählteppich, die Geschichten-Kerze wird angezündet, und sie tauchen ein in die Welt der »Gottesgeschichten«.

Gebet

Mindestens genauso wichtig wie die Gebetsworte ist die Gebetshaltung: Wir versuchen

zur Ruhe zu kommen, konzentrieren uns auf das, was jetzt ganz wichtig ist und was wir in Gedanken oder Worten Gott sagen möchten: Worüber wir uns freuen, was uns bedrückt, was wir uns und anderen Menschen wünschen.

Nach einem Gespräch mit den Kindern über ein Erlebnis, das sie bewegt hat, kann das Gebet zu einem »Rahmen« werden, in dem wir nochmals zusammenfassend aufnehmen, was uns beschäftigt hat und ihm auf das Gegenüber Gott hin eine Ausrichtung geben. Ein Glockenzeichen, dem man nachhört, bis es verstummt ist, hilft zur Konzentration. Das können auch Gegenstände sein, die man behutsam in der Hand hält und dann an andere weitergibt. Und dann wird gemeinsam bedacht:

Was uns so gefreut hat, sagen wir auch Gott: »Wie schön, dass ...« – »Danke Gott, dass ...«

Was uns so viel Kopfzerbrechen bereitet hat, sagen wir Gott: »Hoffentlich …«
Was uns bedrückt, sagen wir auch Gott: »Wir bitten darum, dass …«
Und dann mag ein feststehender Satz das Gebet abschließen, z.B.: »Gott, wir können mit dir reden. Du hörst uns, und verstehst uns. Du verstehst alle Sprachen der Welt. Das tut uns gut. Amen.«

Gespräche

Wenn Kinder ihre tiefschürfenden Fragen stellen, geht es nicht nur um Wissen, sondern vor allem um das, was sie umtreibt und aufrührt: Warum müssen Menschen sterben? Was war, bevor es Gott gab? Die Gedanken wandern bis an die Grenzen der erfahrbaren Welt – das verunsichert und verlangt nach Klärung, welche die ganze Person angeht, die Welt wieder in Ordnung bringen soll.

»Warum kann man denn Gott nicht sehen?«, fragt Sabine, als sie mit ihrer Erzieherin in einem Fotoalbum blättert. »Ich möchte so gerne wissen, wie Gott aussieht! Sag du es mir wenigstens, wie Gott aussieht!« – »Ja, ich kann es dir leider auch nicht sagen!«, meint die Erzieherin. Sabine ist enttäuscht. »Aber wir könnten uns ja gemeinsam überlegen, wie Gott wohl aussehen müsste«, fährt die Erzieherin fort. Sabine ist gleich eifrig dabei: »Groß muss Gott sein, große Ohren haben und schnelle Füße …« – »Ja«, sagt die Erzieherin, »das denke ich auch. Es ist doch wunderbar, dass Gott überall auf der Welt bei uns Menschen ist!«
»Aber was stimmt denn nun?«, fragt Sabine weiter. »Alles stimmt«, antwortet die Erzieherin, »kein Bild reicht aus, um alles von Gott zu malen. Gott ist noch viel mehr, als wir von ihm malen können!« – »Schade«, meint Sabine. »Aber eigentlich ist es auch schön, dass wir viele Bilder von Gott haben können.«

Lieder

Singen lädt ein zum Mitmachen und spricht den ganzen Menschen an. Die Melodie wirkt meist stärker als der Text: Sie sitzt im Ohr und begleitet einen oft stundenlang. Zum Singen kann man sich auch bewegen: klatschen und tanzen, alleine und vor allem gemeinsam mit anderen. Singen stiftet Gemeinschaft. Religiöse Lieder werden für die einzelne Person und für die ganze Gruppe zu einem inneren Schatz.

Symbole

Sie sind viel mehr als bloße Zeichen, sondern tief im Erleben und in eigenen Erfahrungen verankert. Symbole entstehen, indem sie aus Erfahrungen herauswachsen. In ihnen verdichten sich Empfindungen und Gefühle, sie werden so zur Sprache des ganzen Menschen.

Kinder besuchen einen Baum, der ganz allein auf der Wiese steht. Sie genießen seinen Schatten, nehmen das Blätterdach wahr, fühlen die Rinde, hören das Summen der Bienen, spüren das Rauschen des Windes, messen mit ihren Armen den Umfang des Stammes, ahnen seine Stärke, denken sich hinein in sein Wurzelwerk. Sie entdecken die Einzigartigkeit des Baumes, seines Astwerks, auch seiner Beschädigungen und Wunden.
Sie spüren in einer meditativen Übung ihre eigene Verwurzelung. Sie geben den Bewegungen des Windes nach. Sie machen sich bewusst, dass auch sie einmalig sind. Sie überlegen, wann es wichtig ist, wie ein Baum zu stehen und auch, wem sie Schutz geben könnten.
Auch der Kirchenraum steckt voller Symbolik: der hohe Raum mit seinen besonderen Geräuschen, seinen Fenstern und Farben, seinem Mauerwerk, seinen Säulen, Ecken und Winkeln, seinen Bildern und Zeichen. Auch hier geht es um das Erleben der besonderen Atmosphäre. In und mit ihr erzählt der Raum vom christlichen Glauben, bietet Gelegenheit zum Beten und Singen, Reden und Hören von Gott.

Feste

Oft konzentriert sich religiöse Erziehung auf die Feste im Kirchenjahr. Wir nähern uns ihnen, vor allem in der Adventszeit, nehmen das Brauchtum auf, das sich mit ihnen verbunden hat, und feiern das Fest mit allen Sinnen: mit Essen und Trinken, selbst gestaltetem Schmuck, mit Liedern und Musik, malen Bilder, zünden Kerzen an und hören Geschichten aus der Bibel.

Wie sollen wir nur den Heiligen Geist erklären, fragen Erzieherinnen ratlos. Wie sollen Kinder verstehen, dass er in der Taube repräsentiert ist? Inwiefern kann der Heilige Geist eine göttliche Person sein? Sie haben sich vorgenommen, in diesem Jahr das Pfingstfest mit den Kindern zu bedenken und auch zu feiern. Nun suchen sie nach einem guten Einstieg in die Pfingstgeschichte. Sie finden ihn schließlich bei den Erfahrungen der Jüngerinnen und Jünger Jesu, damals in Jerusalem, etliche Wochen nach dem Osterfest.
Die sind zwar erfüllt von der Zusage, dass Jesus nicht im Tod geblieben, sondern mit seiner Kraft unsichtbar bei ihnen lebendig ist. Aber die Beziehung zu den anderen außerhalb ihrer Gemeinschaft ist noch von Ängstlichkeit und Zurückhaltung bestimmt. Mit dem Pfingstfest treten nun auf einmal viele andere Menschen ins Blickfeld, die auch zu ihnen und zu Jesus dazugehören möchten. Ungeahnte Begeisterung erfasst die kleine Schar der Jesus-Anhänger. Sie spüren jetzt den Auftrag, die Botschaft in die Welt hinauszutragen. Gleichzeitig wissen sie: Diese

neue Kraft kommt nicht aus uns selbst, das ist Gottes Werk, das ist sein Heiliger Geist. Die Begeisterung, welche die Frauen und Männer wie ein Sturm erfasste, kann in mancherlei Symbolen gefeiert werden: Türen gehen auf, viele neue Gesichter treten in den Blick. Verständigung geschieht, die man sich vorher überhaupt noch nicht vorstellen konnte. Das kann man im Haus inszenieren, auch in Musik ausdrücken und in Bewegung umsetzen. Das kann sogar in Einladungen praktiziert werden. Auch die umgebende Natur trägt zur Symbolik bei: So wie das frische Grün in reicher Fülle aus den Knospen geradezu herausplatzt, so verschwenderisch ist Gottes guter Geist am Werk. Solche Fülle zeigt sich auch in Bildern, die mit leuchtenden Farben gemalt werden.

Religiöse Erziehung nimmt alltägliche Erfahrungen der Kinder auf

Religiöse Erziehung lebt nicht aus religiösen Inhalten und Informationen, die unabhängig vom Erleben der Kinder bestehen, sondern sie entwickelt sich aus dem, was Kinder beschäftigt und umtreibt. Sie entzündet sich an Themen, die gerade »dran« sind, an konkreten Auseinandersetzungen und Konflikten. In der Religionspädagogik wird in diesem Sinne vom »situativen Ansatz« gesprochen. Christlicher Glaube soll sich ja im Alltag bewähren, soll auf die Herausforderungen des täglichen Lebens antworten. Das muss dem entsprechend für die religiöse Erziehung bestimmend sein. Die Lebenssituationen der Kinder sollen zur Sprache kommen. Und die Angebote des christlichen Glaubens werden für Kinder interessant, sofern sie Bezug auf solche Situationen nehmen, an sie anknüpfen, den Kindern helfen, mit ihnen besser, konstruktiver, hoffnungsvoller umzugehen.

Biblische Geschichten

Wichtig ist, dass sich Kindern mit ihren Erfahrungen, Wünschen und Bedürfnissen in ihnen wiederfinden können. Sie sind besonders ansprechbar, wenn …

- die Hauptpersonen Angst überwinden und neues Vertrauen gewinnen
- Menschen, denen es an Selbstvertrauen mangelt, aufgerichtet werden
- Menschen, die sich in Schuld verstrickt haben, ein Neuanfang möglich wird
- Menschen, die in ihren Verhaltensweisen und übernommenen Rollen an Grenzen stoßen bzw. andere bedrängen, neue Einsichten gewinnen und nach anderen Verhaltensweisen suchen
- Menschen entdecken, wie sie anderen eine Freude machen können
- Menschen, die keine ermutigende Lebensperspektive haben, neue Hoffnung

schöpfen können und sich ihnen Neues eröffnet

- Unerwartetes, Wunderbares geschieht, das die Beteiligten in ihren Bann zieht

Gebet

Das geprägte Gebet zu wiederkehrenden Situationen im Tageslauf hat sicherlich seinen guten Sinn. Genauso wichtig aber ist das Beten, das aus einem unmittelbaren Anlass heraus entsteht, wie wir es vorhin bedacht haben.

Gespräche

Die Fragen der Kinder mit religiösem Hintergrund entspringen meist ganz unmittelbarem Erleben. Ein Kind, das hingefallen ist und sich verletzt hat, fragt etwa empört: Warum hat Gott nicht auf mich aufgepasst? Das kann der Anlass sein für ein Gespräch, in dem es um das Zusammenwirken von Gottes Schutz bzw. Begleitung und dem Einbringen unserer eigenen Fähigkeiten geht. Oder angesichts einer toten Amsel auf dem Weg an einem kalten Wintermorgen fragen die Kinder, warum denn Tiere und Menschen sterben müssen. Oder die Kinder rätseln angesichts ihres Erlebnisses mit dem Baum, wie denn Gott alle Bäume gemacht haben kann, und das Gespräch mag sich um den Zusammenhang vom Anfang der Welt mit Gottes unerschöpflich vielen Ideen und deren Verwirklichung im Rahmen der uns bekannten Naturgesetze des Wachsens und Sich-Vermehrens drehen.

»Du lässt die liebe Sonne scheinen, schickst Regen auch zu seiner Zeit« singen die Kinder, und im Gespräch wird ergänzt: Alles kommt von Gott, die Sonne, der Regen, auch die Blumen und die Bäume.
»Hat Gott auch die Bäume gepflanzt?«, fragt ein Kind. »Nein«, antwortet ein anderes, »mein Papi hat neulich einen Baum in den Garten gepflanzt«. Und es erzählt von der Pflanzaktion. »Und der Regen«, ergänzt ein weiteres Kind, »der kommt von den Wolken, und die kommen vom Meer«.
Die Erzieherin bestätigt. »Was kommt dann von Gott?« fragen die Kinder. »Ist es nicht wunderbar«, meint sie, »dass aus so ganz kleinen Pflänzchen riesengroße Bäume wachsen, unter denen wir angenehm sitzen und spielen können, auf denen Äpfel und Zwetschgen wachsen und Kastanien? Stellt euch vor, es gäbe keine Bäume!« Sie erzählt von ihrem Garten, der zuerst ganz leer aussah und mit dem Wachsen der Bäume immer gemütlicher wurde. Die Kinder ergänzen aus ihrer Sicht. »Dass es Bäume überhaupt gibt, kommt von Gott, dass sie so riesengroß werden können. Bäume sind eine gute Idee von Gott. Deshalb können wir Menschen Bäume pflanzen.« Und die Kinder denken

weiter: »Und auch die Blumen und das Gras und ... sind eine gute Idee von Gott!« »Das Wachsen können wir nicht machen, aber das Pflanzen und das Gießen, das ist unsere Aufgabe«, ergänzt die Erzieherin, und ein Kind meint: »Auch der Regen ist eine gute Idee von Gott, damit es Wasser gibt, aber nicht immer.«

Symbole

Auch sie entstehen aus den Lebensituationen der Kinder heraus, etwa wenn angesichts von Sorgen um die Zukunft unserer Schöpfung und das Vertrauen auf Gottes weiterwirkende Schöpferkraft der Regenbogen zum Hoffnungszeichen wird. Oder wenn anhand von Erlebnissen und Erfahrungen des Heimkommens das Haus als Symbol für den Wunsch und die Sehnsucht nach Geborgenheit steht.

Feste

Auch in den die Feste begründenden und begleitenden Festgeschichten geht es um grundlegende Bedürfnisse und Lebenserfahrungen der Kinder.

In der Weihnachtsgeschichte etwa sind es die »Kleinen«, Benachteiligten, die auf einmal die ersten sind: Die Hirten und nicht die Honoratioren von Betlehem werden zur Krippe gewiesen. Die Weisen werden auf ihrem langen und mühevollen Weg durch die Wüste von der Hoffnung auf ein großes Erlebnis angetrieben. In der Passions- und Ostergeschichte ist es der Umgang mit Tod und Sterben, dem sich die Kinder ja auch stellen müssen und wollen: Welchen Stellenwert haben die Erfahrungen mit Tod und Trauer in unserer Welt? Sind auch sie umgriffen von Zeichen der Hoffnung? In der Pfingstgeschichte ist es die Wende von erlebter Ängstlichkeit und Enge zu befreiender Weite (▶ S. 35). Und am Erntedankfest kann sich das aufmerksame Teilnehmen am Wachsen und Reifen in der Natur, das in den vorangegangenen Wochen geschah, nun zum Dank an Gott und zur Bestätigung verdichten, dass wir in unserer Welt Raum zum Leben haben – auch angesichts gegenteiliger und entmutigender Erfahrungen (▶ S. 125 f.).

Einige der vorangegangenen Beispiele sind entnommen aus:

Harz, Frieder: Biblische Geschichten. Eine Anleitung zum Erzählen, hg. vom Diakonischen Werk in Bayern, Nürnberg 1990.
Ders.: Mit Kindern beten. Situation klären – Praxis gestalten, hg. vom Diakonischen Werk in Bayern, Nürnberg 1992.
Ders.: Mit Kindern von Gott reden, hg. vom Diakonischen Werk in Bayern, Nürnberg 1997.

Das Konzept der multireligiösen Erziehung: Angebot und Grenzen

Wäre es nicht das Beste, solche religiösen Elemente nicht nur aus dem Christentum, sondern auch aus den anderen Religionen einzubringen? So könnten etwa Erfahrungen Mohammeds, wie sie im Koran überliefert sind, in ganzheitlicher Weise erzählt werden und auch auf die Lebenssituation der Kinder Bezug nehmen (▶ vgl. S. 135). Bitten an Gott könnten sich mit Gebetsformen und -haltungen aus anderen Religionen verbinden. Was spricht wohl dagegen, Lieder anderer Religionen zu singen und nachzuspüren, wie in ihren Symbolen wichtige Lebenserfahrungen thematisiert sind? Es bietet sich doch an, die Feste der anderen mitzufeiern und in deren besondere Atmosphäre einzutauchen!

Das Beispiel aus England passt gut in gegenwärtige gesellschaftliche Praxis hinein. Man spricht vom »Markt der religiösen Möglichkeiten«, der im Zeichen der Globalisierung allen offen steht. Jeder möge sich in individueller Freiheit seine eigene »Religion« zusammenstellen: Etwas von katholischer und evangelischer Frömmigkeit, dazu kann moderne Esoterik kommen, Yin und Yang, ergänzt durch fernöstliche Meditationspraxis. Und wem solche Vermischung suspekt ist, dem wird vorgehalten, dass auch in der Christentumsgeschichte immer wieder heidnische Elemente in die christliche Frömmigkeit aufgenommen wurden. So hat das christliche Weihnachtsfest das römische Fest des »unbesiegbaren Lichts« und das Osterfest das germanische Frühlingsfest der Göttin Ostara beerbt. Warum sollte heute nicht Entsprechendes geschehen?

Multireligiöse Erziehung in England

In England – dort wird schon seit Jahrzehnten an Konzeptionen interreligiöser Erziehung gearbeitet – wurde versucht, in diesem Sinne v.a. Symbole anderer Religionen mit ihrem Erfahrungshintergrund zu erschließen. Wenn die Kinder zusammensaßen, wurde der »Geheimnisbeutel« geöffnet und ein Symbolgegenstand entnommen: ein christlicher Rosenkranz, ein Engelsbild aus islamischer Tradition, eine Figur des hinduistischen Gottes Ganesha, usw. Der »Geheimnisbeutel« wurde selbst zum Symbol multireligiösen Reichtums. Die Kinder saßen beieinander und warteten gespannt, was aus ihm hervorgeholt wurde. Dann wurde miteinander beobachtet und nachgefragt, Geschichten rankten sich um das Symbol, Lieder und zugehörige religiöse Gesten.

Wird solche multireligiöse Erziehung nicht in besonderer Weise dem Entdeckungseifer und der Neugier der Kinder gerecht? Ihr religiöser Horizont kann sich frühzeitig weiten. Sie lernen den Ausdrucksformen anderer Religionen mit Aufgeschlossenheit und Respekt gegenüberzutreten, anstelle von unterschwelligen Vorbehalten. Und auf diese Weise könnte auch das Gespür dafür wachsen, dass die Religionen auf je unterschiedliche Weise doch wohl immer auf dasselbe zielen: Auf die Beziehung zu einem göttlichen Gegenüber oder Urgrund, auf das dankbare Annehmen des eigenen Lebens aus Gottes Hand, auf Ermutigung zum Leben und auf Weisungen, die das gedeihliche Miteinander fördern.

Die Grenzen dieses Ansatzes zeigen sich bei der Aufgabe, den Kindern eine Verwurzelung in ihrer eigenen religiösen Heimat zu ermöglichen. Die andere Seite der Neugier am Fremden ist die Beheimatung im Eigenen. Wo lernen die Kinder, dass die Offenheit für religiös Anderes sinnvollerweise von einem eigenen religiösen Standort aus geschieht, von dem aus man seine religiösen Erkundungen beginnen und zu dem man auch wieder zurückkehren kann? Deshalb gehen wir nun genauer auf diese Grenzen ein, um von ihnen aus nach einem tragfähigeren Konzept interreligiöser Erziehung Ausschau zu halten.

Religiöse Identität im Überlieferten

Mögen auch manche von einer interreligiösen Weltgemeinschaft träumen, in der sich die Grenzen zwischen den einzelnen Religionen auflösen und es dann keine Unterscheidung mehr zwischen Eigenem und Fremdem mehr gibt – die Realität sieht anders aus. Jede Religion hat ihre eigene Gestalt und ist von der anderen trotz mehr oder weniger zahlreicher Berührungspunkte deutlich unterschieden. Es wäre schon viel erreicht, könnten die Feindseligkeiten, die in manchen Abgrenzungen stecken, endlich abgebaut werden. Zu fragen ist auch, ob ein Zusammenwachsen der verschiedenen Religionen zu einem Gesamtgebilde überhaupt sinnvoll wäre. Sich nicht mehr in einem überschaubaren Überlieferungszusammenhang orientieren zu können, bringt auch Überforderung des Einzelnen mit sich. Wer sich Traditionen nicht aneignen kann oder will, muss sich nämlich eigene schaffen. Zwar ist die »Entgrenzung«, die Auflösung von gegebenen Strukturen ein Merkmal unserer sog. »postmodernen« Gesellschaft. Aber dem einzelnen Individuum wird viel aufgebürdet mit der Aufgabe, sich selbst ein passendes, »maßgeschneidertes« Religionsgehäuse zu schaffen. Für viele wird Religion auf diese Weise unverbindlich und beliebig. Und andere fliehen zu fundamentalistischen Strömungen, bei denen dann die Abgren-

zungen von anderen und das Behaupten der eigenen religiösen Identität extrem sind. Das Ziel sollten deshalb unterschiedliche Religionen mit klarem Profil bleiben, deren Mitglieder aber freundlichen Umgang untereinander pflegen.

Eine Verwischung der je spezifischen Eigenart einer Religion würde doch auch allerhand religiöse Verarmung bedeuten. Wenn religiöse Einzelelemente beliebig austauschbar würden, verlören sie ihre Besonderheit, ihren je besonderen Hintergrund. Mit dem Bild des Puzzle kann man es verdeutlichen: Die einzelnen Teile gehören an ihren Platz und bilden einen Zusammenhang, ergeben zusammen ein Bild. Das Gegenbild dazu wären gleichförmig geschnittene Flächen mit beliebig kombinierbaren Mustern – was für eine Verarmung! Eine zentrale Aufgabe interreligiöser Erziehung besteht demnach darin, Sinn für religiöse Identität, für die Zuordnung der einzelnen religiösen Elemente zu einem charakteristischen Gesamtzusammenhang und für die eigene Zugehörigkeit zu solch einem Gefüge zu vermitteln. Das schließt die Aufgabe ein, den Blick zu anderen Religionen offen zu halten.

Für Jugendliche und Erwachsene bietet die Begegnung mit einer anderen Religion oft gute Anregungen, sich des Besonderen der eigenen Religion zu vergewissern. Der Besuch in der Moschee regt an zu Rückfragen, welche Bedeutung denn eigentlich der Altar in der christlichen Kirche hat, ob hier auch die Himmelsrichtung eine Rolle spielt und warum. Geschichten zur Entstehung des Koran wecken die Frage, wie denn die Bibel entstanden ist. Nimmt eine Religionsklasse einen Briefwechsel auf mit einer Koranschule, in dem Moslems und Christen einander wechselseitig Fragen stellen, kann auch das Sich-Vergewissern in der eigenen Religion verstärkt werden: Was bedeutet Dreieinigkeit Gottes? War Jesus Gott? Glauben Christen an ein Leben nach dem Tod? Bedingung für solch einen Dialog ist, dass das Bewusstsein der Zugehörigkeit zur eigenen Religion vorhanden ist. Bei kleinen Kindern aber ist das noch nicht gegeben. Entwicklungspsychologische Befunde zeigen, dass Kinder im Alter von 5–6 Jahren nur eine vage Vorstellung von dem haben, was ein Protestant oder Katholik ist. In der Grundschulzeit gewinnen sie nach und nach ein differenzierteres Verständnis, das sich aber am konkreten Verhalten orientiert, nicht an Lehrunterschieden. Erst später formt sich ein Gesamtverständnis der anderen Konfession. Entsprechendes gilt für die Zugehörigkeit zu Religionen.

Verwurzelung im Eigenen und Offenheit für das Fremde

Das sind die beiden Aufgaben, denen sich interreligiöse Erziehung zu stellen hat:

- Beheimatung in der eigenen Religion meint, das Gefühl und Bewusstsein der Zugehörigkeit zu einer Religion zu stärken. Zu vermeiden ist, dass Kinder an der Ausbildung solchen religiösen Identitätsbewusstseins gehindert werden – durch ein verwirrendes Nebeneinander oder auch durch Geringschätzung bereits erlernter religiöser Verhaltensweisen.
- Wahrnehmung der Vielfalt religiöser Überlieferungen und Verhaltensweisen im eigenen Erfahrungsbereich. Andere haben das Recht, in ihrer Religionszugehörigkeit und -ausübung geachtet zu werden, und das kann nur geschehen, wenn ihr religiöses Verhalten bewusst wahrgenommen und zur Sprache gebracht wird.

Manche versuchen diese beiden Aufgaben in einem Nacheinander zu gestalten: Zuerst soll die eigene religiöse Identität gefördert und gestärkt werden. Erst wenn sie in ausreichendem Maße ausgebildet ist, könne die Offenheit für das Andere dazutreten, könne sie gewissermaßen durch die Begegnung mit einer fremden Religion »belastet« werden. Das Kindergartenalter würde so gesehen aus der interreligiösen Erziehung ausscheiden, denn hier stünde ganz und gar die Grundlegung des Eigenen im Vordergrund. Aber gerade in der Kindertagesstätte sind doch die Kinder aus anderen Religionen da – später sind sie im konfessionellen Religionsunterricht so gut wie gar nicht mehr dabei. In der Kita steht die Aufgabe an, das Miteinander zu gestalten, auch im religiösen Bereich. Wir kommen also nicht darum herum, beiden Aufgaben gleichzeitig gerecht zu werden.

> Es bleibt somit wohl nur der Weg, der eigenen religiösen Tradition die Treue zu halten, aber sich zugleich für die Verschiedenheit anderer religiöser Traditionen zu öffnen und bereit und fähig zu werden, von ihnen zu lernen.
> *Norbert Mette*

Es geht also immer darum, das Eigene lieb und wert zu gewinnen und zugleich wahrzunehmen, dass für andere das Entsprechende auf ihre Weise gilt. Mit dem Bild des Hauses kann das verdeutlicht werden: Im Haus sind mehrere Wohnungen. Aber keine Familie wohnt abgeschottet für sich. Zwischen den Familien gibt es reichlich Kontakte. Die Kinder lernen ihre eigene Wohnung kennen: Da sind sie zu Hause. Aber sie machen auch in den anderen Wohnungen ihre Entdeckungen und wissen doch, dass sie dort Gäste sind. »Fühlt euch wie zu Hause«, sagt der Gastgeber, aber das »wie« zeigt den Unterschied an. Das eigene Zuhause ist doch noch etwas anderes.

Spielen Sie doch einmal mit diesem Bild weiter! Wie weit trägt es als Gleichnis für interreligiöse Beziehungen?

Konsequenzen für die Praxis interreligiöser Erziehung

Geschichten

Wir laden zur Identitätsbildung mit den Gestalten der biblischen Geschichten ein und machen uns zugleich bewusst, dass andere in anderen Geschichten religiös zu Hause sind.

Gespräche

Wir denken über die Fragen nach Gott nach und registrieren, dass andere nicht alle unsere Einfälle mitvollziehen können.

Symbole

Wir machen uns Symbole mit christlicher Deutung zu eigen und nehmen wahr, dass andere mit anderen Symbolen leben.

Kirchenraum

Wir lernen uns in der christlichen Kirche zu Hause zu fühlen und lernen verstehen, dass Muslime in der Moschee ihre religiöse Heimat haben.

Gebet

Wir machen uns damit vertraut, im Gebet Gott in unseren Alltag mit hinein zu nehmen und erleben es als ein Stück Normalität, dass andere andersartige Weisen kennen und praktizieren, um mit Gott zu sprechen.

Feste

Wir feiern die christlichen Feste und entdecken, dass andere ganz anders zu feiern gewohnt sind.

Die weitere Umsetzung dieser Konzeption in die Praxis wirft allerdings eine Fülle von Einzelfragen auf. Bevor wir später genauer darüber nachdenken, wie mit Unterschieden oder Widersprüchen im Kindergarten umgegangen werden soll, sei daran erinnert, dass Gemeinsamkeiten zwischen den Religionen eine zentrale Basis sind, von der aus wir auf die Unterschiede zugehen (▶ S. 104 ff.).

Fremdem angemessen begegnen können

Eine wichtige Teilaufgabe besteht also darin, einen angemessenen Umgang mit Fremdem zu lernen. In der Regel greifen Menschen in ihrem Verhalten auf zwei konträre Muster im Umgang mit Fremdem zurück:

Das Planetenspiel

Im Planetenspiel, einer gruppendynamischen Übung zum Intergruppenverhalten, trifft eine irdische Raumfahrergruppe bei der Notlandung auf einem unbekannten Planeten auf eine völlig fremde Gruppe einheimischer Bewohner. Nach einer Vorbereitungszeit, in der die Spielgruppen vereinbaren, wie sie untereinander und mit den Fremden umgehen wollen, wird der erste Kontakt gespielt und beobachtet, wie die beiden Gruppen die Kontaktaufnahme gestalten. Die wichtigste Frage für jede der Gruppen sowohl bei der Vorbereitung des Spieles als auch im Spiel selbst ist: Treten wir den anderen freundlich oder feindlich gegenüber, bzw. was betrachten wir als freundliches oder feindliches Verhalten und wie reagieren wir darauf? Es ist allen Beteiligten in aller Regel völlig klar, dass es nur diese beiden Möglichkeiten geben kann. Die bekannte Dichotomie, das Freund-Feind-Schema, so schwer es im Einzelfall zu

handhaben ist, ist ein vertrautes, Sicherheit spendendes Muster, an dem man sich das ganze Spiel hindurch orientieren kann. Mit Freunden und Feinden können wir schließlich umgehen, mit Fremden nicht.
Gudrun Jakubeit

Auch pädagogisches Verhalten ist von diesen beiden Verhaltensweisen bestimmt:

- Kinder entdecken einen toten Vogel. Neugierig nähern sie sich ihm, fangen an, ihn zu untersuchen. Leblosigkeit ist etwas Neues und Fremdes für sie. Es gehört offensichtlich zu unserer Welt dazu und hat doch unheimliche und bedrohliche Züge. Erwachsene kommen und wehren erschrocken ab: »Lasst den Vogel in Ruhe! Rührt ihn nicht an!« Auf einer Schaufel wird dann das tote Tier zu einem vorbereiteten Loch getragen und zugedeckt. Das Fremde ist beseitigt, die Ordnung wiederhergestellt. Kinder brauchen dieses Muster angesichts des Bedrohlichen, dem man besser aus dem Weg geht. Aber muss es ihnen so vermittelt werden?
- Ein behindertes Kind wird in die Gruppe aufgenommen. Mit neugieriger Distanz reagieren die Kinder zuerst auf den Fremdling. Aber bald gewöhnen sie sich an ihn. Und auch die Erzieherinnen setzen alles daran, um den »Neuling«, der so anders ist, in die Gruppe zu integrieren – und das ist gut so. Aber bleibt auch Raum dafür, den anderen in seiner Andersartigkeit zu sehen?

In beiden Fällen geht es letztlich darum, Fremdheit zu beseitigen, entweder durch Abgrenzung oder durch Integration. »Fremdheitskompetenz« meint aber im Unterschied dazu, Fremdes in seiner Andersartigkeit dauerhaft zuzulassen, seiner Andersartigkeit standzuhalten. Beide beschriebenen Muster kehren auch in Zusammenhängen der religiösen Erziehung wieder: Im einen Fall wird religiöse Andersartigkeit schlichtweg ignoriert, oder man einigt sich darauf, dass bei religiösen Elementen in der Einrichtung die Nichtchristen anders beschäftigt werden. Im anderen Fall wird Religiöses als Ursache von Fremdartigkeit ausgeblendet, indem Unterschiedliches in den Religionen in einen Topf geworfen wird. Das Fremde ist damit in jedem Fall beseitigt. Fremdheitskompetenz bedeutet dagegen auch hier, das Bewusstsein für religiöse Fremdheit auszuhalten. Es ist die Fähigkeit, zwischen den beiden beschriebenen Verhaltensweisen ein Spannungsverhältnis aufrechtzuerhalten. Es geht darum, zwischen abgrenzenden und integrierenden Intentionen, zwischen dem »Befremdlichen« und dem »Einverleibenden« eine Balance zu erhalten, die beidem angemessene Anteile gibt.

Das Fremde bleibt in seiner Andersartigkeit präsent und fordert zugleich nach Weisen des annähernden Umgangs mit ihm. Wie aber soll und kann das konkret geschehen?

Interreligiöse Erziehung aus unterschiedlichen Perspektiven

Die Rolle der Erziehenden in der interreligiösen Erziehung

Kleine Kinder lernen am Verhalten ihrer Bezugspersonen. Sie übernehmen deren Verhaltensweisen und sie lassen sich von ihren Empfindungen gegenüber der umgebenden Welt anstecken. Das gilt in besonderer Weise für die religiöse Erziehung. Kinder spüren ihrem Gegenüber ab, wie wichtig ihm der Glaube ist, ob es selbst dazu steht. In der frühen Kirche wurden Taufbewerber mit dem christlichen Glauben bekannt gemacht, indem sie einige Zeit bei christlichen Familien wohnten, mit ihnen zusammenlebten. So erfuhren sie ganz unmittelbar, was es bedeutet, Christ zu sein. In entsprechender Weise gilt das heute noch. Zur Echtheit des eigenen Glaubens gehören natürlich auch die eigenen Vorbehalte, Zweifel, Unsicherheiten und Einsprüche gegen Überliefertes (▶ S. 105 f.) All das bestimmt das religionspädagogische Engagement in den verschiedenen Handlungsfeldern mit.

Erzählen
Es ist ein großer Unterschied, ob eine biblische Geschichte aus der Kinderbibel vorgelesen wird, oder ob die Erzieherin sie mit eigenen Worten nacherzählt. Die Geschichte wird nicht nur lebendiger, sondern die Erzählerin gibt zugleich etwas von sich selbst mit. Sie veranschaulicht das Geschehen mit ihren eigenen Bildern und Vorstellungen. Sie bringt in die Hauptpersonen ihre eigenen Gefühle ein. Deren Schmerz und Freude hat sie selbst nachzuempfinden versucht, und das kommt in ihren Worten zum Ausdruck. Sie lebt selbst den Spannungsbogen mit der Geschichte mit und lässt so die Kinder daran teilhaben.

Gebet
In ihrer Haltung bringt die Erzieherin zum Ausdruck, ob ihr das Gebet selbst wichtig ist, oder ob sie nur eine Pflichtübung vollzieht. Mit ihrer Person schafft sie die Atmosphäre, in der die Kinder zur Ruhe kommen können. Und wenn die Kinder selbst sprechen, gibt sie durch ihr waches Dabeisein deren Worten Gewicht.

Gespräch
Schon durch ihr aufmerksames Zuhören und Aufnehmen kindlicher Äußerungen und Fragen bringt sie sich selbst ein und damit das Gespräch in Gang. Es geht nicht so sehr darum, dass sie die richtigen Antworten

weiß, sondern dass sie das Kind als Gesprächspartner ernst nimmt, und dass sie sich selbst nach ihren eigenen Überzeugungen befragen lässt. Freilich versucht sie auf der Ebene der Kinder zu argumentieren, aber mit ihren eigenen Gedanken gibt sie auch neue Impulse zum Weiterdenken. So zeigt sie, dass sie sich von den Fragen und Gedanken der Kinder selbst betreffen lässt und gibt so deren Meinungen Wert und Gewicht.

Symbole

Mit der Überzeugungskraft ihrer Person führt die Erzieherin die Kinder auf den »Symbolweg«. Sie weckt bei ihnen die Lust, sich auf den Symbolgegenstand einzulassen. Sie schafft die Atmosphäre, in der die Kinder über den Umgang mit dem Symbol zu sich selbst finden. Und sie schlägt Brücken zu Aussagen des Glaubens. Mit der Glaubwürdigkeit ihrer Person macht sie diesen Weg stimmig und fügt die Einzelelemente der Beschäftigung mit dem Symbol zu einem Ganzen zusammen.

Kirchenraum

Mit ihrer Person, der Freude und Entdeckerlust, die sie ausstrahlt, macht sie den Kindern auch die Einzelheiten des Gotteshauses zugänglich.

Sie weckt durch Ankündigungen die Neugier, rückt das Bedeutsame ins Blickfeld. So regt sie an, dass die Kinder zum Staunen kommen. Sie gibt Raum zum Fragen, vielleicht auch zum Singen und Beten, das im Kirchenraum zu einem besonderen Erlebnis werden kann. Sie gibt durch ihr Vorbild den Kindern Sicherheit für ihr eigenes Verhalten, das dem Besonderen des Kirchenraumes angemessen ist.

Feste

Mit ihrer eigenen Person ist die Erzieherin auch Wegweiser durch die Feste des Kirchenjahres. Mit ihrer Ankündigung macht sie das Fest zu etwas Besonderem, auf das hinzufiebern sich lohnt. Sie weckt Vorfreude und Spannung, die sich durch die Vorbereitungszeit hindurch aufbauen und führt durch das Festgeschehen. Jedes Fest hat auch Geheimnisvolles, Unerklärbares zum Inhalt – etwa die Engel in der Weihnachtsgeschichte, der auferstandene Jesus, die pfingstliche Begeisterung der Freunde Jesu, das Wirken Gottes in der Schöpfung von Anbeginn an. Die Erzieherin vermittelt mit ihrer Person die Glaubwürdigkeit des Überlieferten – auch jenseits der Grenze des Erklär- und Verstehbaren, jenseits der Fragen und Antworten, was denn in welcher Weise genau und vorstellbar geschehen sei. Nur mit der Überzeugungskraft ihrer eigenen Person kann sie über das Unerklärbare so reden, dass es als das Geheimnisvolle seine Beachtung findet und über Lieder, Rituale, Geschichten, Symbole und Bilder zugänglich wird.

Auch in der interreligiösen Erziehung sind die Erziehenden als Person gefordert. Durch ihr eigenes Verhalten kann die Erzieherin den Kindern helfen, Fremdheitskompetenz zu entwickeln. Das beginnt damit, dass sie sich selbst den Aufgaben stellt, die zu dieser Kompetenz führen.

Fremdheitskompetenz

In fünf Teilaufgaben lässt sich Fremdheitskompetenz beschreiben (nach G. Jakubeit). Es gilt,

1) die eigenen und fremden Integrations- und Ausgrenzungsmuster kennen zu lernen.
2) Unterschiede vielfältiger Art wahrzunehmen und zunächst auszuhalten, sie weder gleich zu überbrücken noch zu verringern suchen.
3) die eigenen Deutungsmuster zu erkennen und zu erweitern, sich die eigenen Vorurteile bewusst zu machen und daran zu arbeiten.
4) die Spannung zwischen Abgrenzung (Gettobildung) und Anpassung (Assimilation) auszuhalten.
5) zwischen sozialen und kulturspezifischen Problemen zu unterscheiden.

Was könnte das für die interreligiöse Thematik bedeuten?

1) Das Kennenlernen gilt hier dem mono- und multireligiösen Muster. Interessant ist, wie sich in diesen Mustern psychologische und theologische Argumente verbinden können: Ausgrenzung wird mit der Reinheit des eigenen Glaubens und um seines Wahrheitsanspruchs willen begründet, Integration mit der Zeitgemäßheit des christlichen Glaubens, der sich den Herausforderungen unserer Zeit stellen müsse.

Welchem dieser beiden Muster sind Sie schon begegnet?

2) Andersartig sind zum einen die religiösen Verhaltensweisen, zu denen uns gefühlsmäßig der Zugang fehlt. Warum muss das rituelle Gebet der Moslems so streng geregelt sein, mit der genau festgelegten Abfolge bestimmter Körperbewegungen (▶ S. 133 ff,)? Zum anderen ist es die fremde Welt der anderen Religion, von der wir viel zu wenig wissen. »Vom Islam haben wir in der Ausbildung nichts gehört. Da kann man von mir doch nicht verlangen, dass ich erzieherisch damit umgehe!« So argumentieren viele. Wichtig ist die Einsicht, dass die andere Religion in ihren Erscheinungsweisen uns fremd bleiben wird und auch darf. Da muss sich kein schlech-

tes pädagogisches Gewissen regen, da muss die Erzieherin nicht alles »im Griff« haben.

Wo begegnet Ihnen solche Andersartigkeit in der Kindertagesstätte?
Wie wirkt sie auf Sie?
Welche Wünsche und ersten Reaktionen weckt sie bei Ihnen?

3) Andersartigkeit ist oft von Vorurteilen begleitet: »Der Islam ist eine autoritäre Religion; die den Moslems von ihrer Religion abverlangten Verhaltensweisen passen nicht in unsere moderne Welt« und andere mehr.

Welche Ansichten über den Islam kennen Sie?
Wie glaubwürdig erscheinen sie Ihnen?
Wo wünschen Sie sich mehr Hintergrundinformationen?

Dazu kommen Deutungsmuster, die auch Folgen für unseren Umgang mit der anderen Religion haben, z.B.: »Wir glauben doch alle an denselben Gott« usw. Die Folgerung könnte sein, dass uns die Unterschiede in den religiösen Verhaltensweisen als letztlich bedeutungslos erscheinen und wir allzu gerne nur das Gemeinsame sehen wollen. Oder umgekehrt: »Allah ist ein ganz anderer Gott als der biblisch-christliche!« – dann rücken wohl die Unterschiede unüberbrückbar in den Vordergrund.

Welche Urteile und Deutungen sind Ihnen begegnet?
Welche haben Sie sich zu eigen gemacht?
Wie wirken sie sich auf Ihr Bild von der anderen Religion aus?

4) Und dann geht es darum, zwischen den Extremen der Gettobildung und der Integration immer wieder auszubalancieren.

Wo spüren Sie den Wunsch, die nichtchristlichen Kinder mögen doch bei der religiösen Erziehung von den christlichen getrennt sein oder von Vertretern ihrer eigenen Religion »versorgt« werden?
Wo spüren Sie das Bedürfnis, religiöse Erziehung auf das zu beschränken, zu dem auch Eltern und mit ihnen die Kinder anderer Religionen zustimmen können?

5) Wichtig ist die Unterscheidung zwischen religiös Trennendem, das ausgehalten werden soll, und Sozialem, das zu überwinden ist. Manche Eltern nehmen deshalb nicht an Veranstaltungen teil, weil sie Angst haben, die Inhalte nicht zu verstehen und um Zustimmung zu etwas gebeten zu werden, das sie gar nicht erfasst haben. Oder sie fühlen sich in der Minderheitenrolle unsicher und befürchten, übersehen oder übergangen zu werden. Das ist etwas ganz anderes, als wenn sie aus religiösen Gründen einer Veranstaltung gegenüber Vorbehalte haben.

Können Sie zwischen religiösen und sozialen Motiven im Verhalten nichtchristlicher Eltern und Kinder genau genug unterscheiden?
Suchen Sie selbst Beispiele aus Ihrem Erfahrungsbereich.

Die christliche Erzieherin hat ihre eigene religiöse Heimat in der Regel in einer der christlichen Konfessionen. Auch wenn sie sich nach besten Kräften darum bemüht, über die anderen Religionen Bescheid zu wissen – Vieles wird ihr fremd und unbekannt bleiben.

Es gilt sich gegen den eigenen Anspruch zu wehren, alles im Blick zu haben und den Kindern auf alle ihre Fragen Antwort geben zu können. Zugleich eröffnet sich damit die Chance, von den anderen zu Entdeckungsreisen in ihre Religion eingeladen und mitgenommen zu werden: »Ich habe von dem Fest gehört, das ihr gefeiert habt. Ich weiß leider fast gar nichts davon. Kannst du mir erzählen, was ihr da gemacht habt?« Es ist doch gut und auch reizvoll, wenn auf diese Weise einmal die Rollen vertauscht werden. Oder wenn ein Kind fragt: »Warum hat die Mutter von Erkan immer ein Kopftuch auf?«, dann müssen nicht gleich Sie antworten, sondern können zurückfragen: »Wen könnten wir dazu fragen? Vielleicht kann sie uns das auch selbst erzählen!«

Als Christen vertreten die Erziehenden eine bestimmte religiöse Position und stehen damit meist den christlichen Kindern näher als den nichtchristlichen. Auch diese Position gilt es auszuhalten – gegen den Wunsch, allen Kindern auch in religiöser Hinsicht gleichermaßen Bezugsperson zu sein. Das bringt in diesem Bereich eine Ungleichbehandlung mit sich, die aber unvermeidlich ist. Eine christliche Erzieherin kann mit den Kindern wohl die christlichen, aber keine islamischen Feste mit religiösen Inhalten angemessen feiern. Gläubige Muslime müssten doch mit Recht misstrauisch werden, wenn die Erzieherin ihnen erklärt, aus Gründen der Gleichbehandlung habe sie neben dem christlichen Weihnachtsfest auch das islamische Fastenbrechen mit den Kindern gefeiert und dabei auch muslimische Gebete gesprochen. In ihrer eigenen religiösen Bindung kann sie nur den christlichen Kindern Modell für deren eigenes Glaubenlernen sein.

Was können Sie den christlichen Kindern zur Nachahmung anbieten und nichtchristlichen Kindern nicht? Suchen Sie in Ihren eigenen Erfahrungen nach Beispielen.

Aber das von den Erziehenden vorgelebte Modell der Fremdheitskompetenz gilt für alle Kinder:

- Christliche Kinder lernen, wie die Erzieherin in allen religiösen Handlungsweisen mitbedenkt, dass auch nichtchristliche Kinder da sind. Sie lernen, in der »Wohnung« der speziell christlichen Religiosität immer auch die nichtchristlichen »Gäste« im Blick zu haben. Sie sollen sich im Blick auf einander widersprechende religiöse Traditionen als religiöse Gäste wohlfühlen können. Auf ihre religiösen Besonderheiten wird Rücksicht genommen. Wenn sie bei bestimmten christlichen Vollzügen nicht dabei sind oder sich anders verhalten, ist das nichts Anstößiges, sondern ganz und gar normal. Und wenn sie erzählen, was sie anders kennen und machen, so ist das erwünscht.
- Nichtchristliche Kinder lernen, dass sie in der Wohnung der christlichen Überlieferungen als »religiöse Gäste« willkommen

sind. Das ist weniger als religiöse Beheimatung, aber es ist mehr als religiöses Desinteresse. Es kommt immer wieder vor, dass muslimische Eltern mit ihren Kindern von einem kommunalen zu einem kirchlichen Kindergarten wechseln mit der Begründung: »Ihr könnt mit Religion umgehen, die anderen tun das nicht«. Sie erfahren dann hoffentlich, als religiös Andere geachtet und respektiert zu werden.

Eine Erzieherin berichtet: Früher haben wir um der muslimischen Kinder willen grundsätzlich auf Schweinefleisch verzichtet. Jetzt gibt es bei uns oft beiderlei Essen. Wir haben mit allen ausführlich darüber gesprochen. Die Kinder helfen einander, das richtige Essen zu wählen, und wir helfen natürlich auch mit. Wir muten damit den muslimischen Kindern schon etwas zu, aber wir wollen sie doch auf das spätere Leben vorbereiten, in dem Schweinefleisch vorkommt.

1. *Was können christliche und nichtchristliche Kinder bei dieser Maßnahme lernen?*
2. *Inwiefern kann so ihre Fremdheitskomptenz erweitert werden?*
3. *Worauf muss unbedingt geachtet werden, damit keine religiöse Gruppe diskriminiert wird?*
4. *Wie sollten die unterschiedlichen Essen gekennzeichnet sein?*
5. *Wie viel muss den Kindern erklärt werden, damit sie die religiöse Verhaltensregel der Muslime als etwas ganz Normales erfassen können?*
6. *Mit welchen Nachfragen der Kinder rechnen Sie? Welche Antworten darauf finden Sie in den Informationen zum Islam (▶ S. 146 ff.)?*
7. *Was darf unerklärt bleiben?*
8. *Was muss mit den Eltern abgesprochen werden?*

Interreligiöse Erziehung hilft, mit religiöser Andersartigkeit umgehen zu lernen

Erzählen

Weil Erzählen alle Zuhörenden zur Identifikation einlädt, steht der große Schatz an biblischen Geschichten im Vordergrund, der keinen Widerspruch zu anderen religiösen Einstellungen heraufbeschwört (▶ vgl. S. 110 ff.). In anderen Fällen sollte deutlich betont werden, dass Christen diese Geschichten aufgeschrieben und an Christen weitererzählt haben, dass sie nicht zu den Geschichten anderer Religionen gehören. Und es spricht ja wohl nichts dagegen, auch Geschichten aus anderen religiösen Traditionen zu erzählen (▶ vgl. u. S. 125 ff.).

Gebet

Wir ermuntern dazu, die gemeinsam bedachten Gebetsanliegen in der den einzelnen jeweils vertrauten Weise mit den zugehörigen Gesten an Gott zu richten. Gebetsformen werden so als vielfältig, aber nicht als beliebig austauschbar erlebt. Wichtig ist auch das Einüben der Möglichkeit des »gastweisen« Dabeiseins im Gebet, bei dem man an der Runde teilnimmt, aber passiv bleiben darf, ohne die anderen dadurch zu stören.

Gespräche

Hier wird es wohl am ehesten möglich sein, auf Unterschiede in den Religionen aufmerksam zu machen, auch Nichtwissen zuzugeben und nach Informationsquellen Ausschau zu halten.

Symbole

Das ganzheitliche Erleben der Symbol*gegenstände* dürfte wohl interreligiös problemlos sein. Diffiziler wird es, wenn dichtes Erleben mit christlichen Deutungen, gar mit christlichen Segensgesten verbunden wird. Hier sollte genau mit den Eltern abgesprochen werden, wieweit sie einverstanden sind. Oder die religiöse Deutung wird deutlich als eine christliche benannt und es wird offen gelassen, was das für andere heißen könnte. Oder die Formulierung wird so gewählt, dass sich auch religiös Andere darin wiederfinden können.

In verschiedenen Kindergärten wurden die Kinder am Ende ihrer Kindergartenzeit mit einem Segen in das Schulkindalter hinein entlassen. Die Erzieherinnen erzählen davon:

- Die muslimischen Kinder haben wir einfach mit in die Kirche genommen. Dort wurden sie auch vom Pfarrer gesegnet. Wir dachten, das ist doch nichts Schlechtes. Im nächsten Jahr haben dann an diesem Tag die muslimischen Kinder alle gefehlt. Wir wussten zuerst eigentlich gar nicht warum.
- Wir haben die muslimischen Eltern eingeladen und alles mit ihnen besprochen. Viele kamen dann auch zu der Feier mit. Die meisten blieben aber bei der Segenshandlung in den Bänken sitzen.
- Nach dem Gespräch mit den muslimischen Eltern haben wir uns auf Folgendes geeinigt: Alle konnten wählen, ob der Pfarrer oder die Erzieherin dem Kind die Hand auflegen soll. Das war dann für die muslimischen Eltern kein Problem, dass die Erzieherin die Hand dem Kind auf die Schulter legte. Bei den muslimischen Kindern verzichteten wir natürlich auf ein Kreuzzeichen und die Rede vom dreieinigen Gott. Außerdem baten wir die Eltern, mit die Hand aufzulegen. Aber am Schluss sprach dann schon der Pfarrer den Segen für alle.

- *Wie beurteilen Sie die verschiedenen Verhaltensweisen der Erzieherinnen?*
- *Wo spüren Sie am stärksten interreligiöse Kompetenz?*
- *Was musste mit den muslimischen Eltern vorher besprochen werden, damit sie sich als »religiöse Gäste« bei der Feier wohlfühlen konnten?*
- *Was war mit den Kindern zu klären?*

Feste

Sie weisen meist ins Zentrum des christlichen Glaubens (Jesus als Gottes Sohn; Auferstehung; Heiliger Geist). Auch hier können verschiedene Zonen auseinander gehalten werden: Zum einen der Bereich des Brauchtums, der auch von vielen Nichtchristen mitvollzogen wird (Christbaum, Osterhase, Erntedank-Bräuche usw.), und dann der des biblischen Hintergrunds. Beim Fest kann der Charakter der Einladung im Vordergrund stehen: ein Fest der Christen, zu dem auch Nichtchristen herzlich eingeladen sind, bei dem die christlichen Deutungen als solche benannt und auch (wie beim Gebet) die Formen des distanzierten Dabeiseins möglich sind. Gerade Feste geben einen Impuls zu wechselseitigen Einladungen, so dass auch in der umgekehrten Weise die Erfahrung des Gast-Status gemacht werden kann.

In einem Kindergarten wird Ostern gefeiert. Dabei soll auch von Jesu Sterben und Auferstehen erzählt werden. Was sollte analog zum vorangegangenen Beispiel mit den muslimischen Eltern geklärt werden?

Kirchenraum

Oft besteht bei Nichtchristen eine gewisse Scheu, einen Kirchenraum zu betreten. Im Vorfeld ist zu besprechen, dass dies ein Besuch ist, bei dem niemand vereinnahmt werden soll. Das Bild der »religiösen Wohnung« (▶ s. S. 42) bietet sich hier in besonderer Weise an. Die Erzieherin hat die Funktion der aufmerksamen Begleiterin, besonders gegenüber den nichtchristlichen Kindern, klärt bei auftretenden Verhaltensunsicherheiten – ermunternd wie auch bremsend, wenn sich die Kinder etwa allzu stürmisch und unbefangen Altar und Kanzel erobern wollen.

An diesem Überblick zeigt sich schon, wie schwer allgemein gültige Regeln aufzustellen sind und es ganz und gar auf den konkreten Einzelfall ankommt: auf die Vorsicht und Empfindlichkeit der Eltern, auf den Grad der jeweils schon bestehenden »Fremdheitskompetenz«, auf das durch Sensibilität für die religiös Anderen gewachsene Vertrauensverhältnis. Sicherlich sind es oft Gratwanderungen zwischen ausgrenzenden und integrierenden Impulsen. So zeitraubend und umständlich das jeweilige Bedenken des angemessenen Verhaltens sein mag – gerade das Nachdenken in Einzelfällen fördert interreligiöse Sensibilität und auch Fantasie. Und darauf kommt es vor allem an.

1. *Welche interreligiösen »Gratwanderungen« haben Sie schon in Ihrer Einrichtung erlebt?*
2. *Wie beurteilen Sie diese jetzt in der Rückschau? Würden Sie es jetzt anders machen?*
3. *In welchen Bereichen der religiösen Erziehung sehen Sie gute Möglichkeiten, die interreligiöse Sensibilität zu fördern?*
4. *Welche Ideen bzw. unterschiedlichen Möglichkeiten kommen Ihnen in den Sinn?*

Das Kind in der interreligiösen Erziehung

Die Ziele interreligiöser Erziehung haben wir im Blick: Mit der Vielfalt religiöser Erscheinungsformen umgehen und dabei zugleich die eigene religiöse Identität festigen können. Es gilt zugleich in der Verwurzelung im Eigenen bestärkt zu werden und Neugier für das Fremde zu entwickeln.
Für die christlichen Kinder übernehmen die kirchlichen Träger bzw. religiös engagierte Erzieherinnen die Aufgabe, in diesem doppelten Sinne, christliche Identität zu fördern.
Dann kommt das Interesse der christlich gebundenen Eltern in den Blick, die sich dem anschließen, und zugleich das der Eltern aus anderen Religionen: Sie haben den berechtigten Wunsch, dass ihre Kinder nicht von ihren religiösen Wurzeln entfremdet werden. Aus diesem Grund werden den Kindern Haftpunkte für ihre eigene religiöse Orientierung angeboten, indem ihnen immer wieder verdeutlicht wird, wohin sie gehören. Solche Haftpunkte sind wichtig, weil ja ein religiös-konfessionelles Bewusstsein der eigenen Zugehörigkeit im Kindergartenalter erst in den Anfängen steckt (▶ S. 41). Die Kinder werden also von den Erzieherinnen behutsam in Richtung Wahrnehmung ihrer eigenen religiösen Heimat gelenkt. Es wird ihnen erklärt und bewusst gemacht, dass Christen eben nicht auf dem Gebetsteppich rituelle Gebete vollziehen und dass muslimische Kinder nicht zum dreieinigen Gott beten.

Kritiker mögen einwenden, dass solche Unterscheidungen doch noch gar nicht notwendig seien, solange die Kinder noch kein klares religiöses Zugehörigkeitsbewusstsein haben. Sie fühlten sich doch noch gar nicht irritiert, wenn sie Verhaltensweisen anderer Religionen mitvollziehen. Das ist sicher richtig. Aber die Eltern mit ihren religiösen

Einstellungen und entsprechenden Wünschen für ihre Kinder stellen die Aufgabe, auf religiöse Identität zu achten. Und wenn im Blick vorausschauender Erziehung die Ausbildung religiöser Identität als wichtig und förderungswürdig erscheint, sollte sie frühzeitig angebahnt werden, schon bevor Kinder sich in mögliche Konflikte gestürzt fühlen. So gesehen spricht vieles dafür, dass Kinder schon frühzeitig in die Unterscheidung zwischen religiös Eigenem und Fremdem eingeübt werden – natürlich mit aller pädagogisch gebotenen Behutsamkeit.

In einer Einrichtung wird eine Tauferinnerungsfeier geplant. Mit Recht steht sogleich die Frage an, was mit denen geschehen soll, die nicht getauft sind. Die einen melden große Bedenken an und schlagen vor, um ihretwillen auf solch eine Feier zu verzichten. Andere meinen, es könnte doch gerade hier als ein Stück Normalität erlebt werden, dass die einen getauft sind und die anderen nicht. Auch die anderen dürfen natürlich eine Kerze anzünden, auch für sie wird ein guter Wunsch gesprochen. Am Bewusstwerden der Unterschiede könnte das Vermeiden von Diskriminierung und Benachteiligung gezielt eingeübt werden.

Wie würden Sie sich entscheiden?
Folgende Kriterien können dabei hilfreich sein:

- *Kann den Kindern Taufe so erklärt werden, dass Ungetaufte sich nicht diskriminiert fühlen, dass auch ihr Status als normal empfunden wird?*
- *Bietet die Tauferinnerungsfeier auch den Ungetauften Elemente der Wertschätzung und Anerkennung und auch etwas zum Mitmachen?*
- *Kann den Eltern der Ungetauften die Rolle des »religiösen Gasts« – mit all den Elementen, die vorher bedacht wurden, zugänglich gemacht werden?*

Nach und nach lernen die Kinder, auf ihre religiöse Zugehörigkeit selbst zu achten. Sie lernen, welche Nahrungsmittel für sie tabu sind und welche religiösen Gesten (wie etwa das Kreuzzeichen) sie nicht mitvollziehen. Sie lernen hoffentlich, in dieser Rolle dabei zu sein, ohne sich ausgegrenzt fühlen zu müssen.

Eine muslimische Mutter meint beim Aufnahmegespräch, dass ihr Kind alle christlichen Vollzüge mitmachen soll. Sie möchte nicht, dass es von den anderen schief angesehen wird. Christliche Verhaltensweisen seien für sie leichter zu ertragen als das Gefühl der Diskriminierung. Wie würden Sie darauf reagieren?
Könnten Sie ihr die Angst nehmen, ihr Kind würde als nichtchristliches im christlichen Kindergarten diskriminiert?

Wie könnten Sie herausfinden, bei welchen Elementen christlicher Erziehung die Mutter ihre Vorbehalte hätte?
An welchen Beispielen könnten Sie der Mutter verdeutlichen, wie sich die Integration in die Gruppe mit der Rolle des »religiösen Gasts« bei speziell christlichen Vollzügen gut verbinden lässt?
Zu welchen religionspädagogischen Elementen könnte die Mutter eingeladen werden, damit sie sich selbst davon überzeugen kann?

Nun sollen aber die Kinder nicht nur in ihre Religion integriert werden, sondern auch daraufhin erzogen werden, später selbst einmal zu entscheiden, ob sie dieser Religion oder Konfession angehören möchten oder nicht. Religionssoziologen unterscheiden zwischen »zugeschriebener« und »erworbener« Kirchenmitgliedschaft. Früher war die mit der Taufe zugeschriebene Mitgliedschaft in der Kirche die Regel. Man wuchs in seine Kirche hinein, um auch in ihr zu bleiben. Firmung und Konfirmation waren die Bestätigung dieser von den Eltern gewollten Zuschreibung. Ein Wechsel war die große Ausnahme. Heute geht es immer mehr um eine bewusst »erworbene« Mitgliedschaft angesichts möglicher Alternativen. Die subjektive Entscheidung dafür oder dagegen wird immer wichtiger.

> Ich gehe davon aus, dass es bald auch in Deutschland keine Seltenheit mehr sein wird, dass Menschen im Laufe ihres Lebens offen den Glaubenstyp, die Konfession oder auch die Religionsgemeinschaft wechseln wollen, weil sie dort, wo sie aufgewachsen und sozialisiert worden sind, nicht mehr die ihnen angemessene religiöse Lebensform finden, sondern anderswo – ohne das Gefühl zu haben, Gott oder die »wahre Religion« zu verraten.
>
> *Klaus-Peter Jörns*

Daraus ergibt sich die religionspädagogische Aufgabe, Kinder nach und nach auf diese Entscheidung vorzubereiten. Ziel kann es nicht sein, sie möglichst fest an ihren religiösen Ursprung zu binden, sondern ihnen zu helfen, ihre spätere Entscheidung kundig, aufgrund kompetenter eigener Erfahrungen und vorurteilsfrei treffen zu können. Gemeint ist damit freilich nicht, von klein an möglichst viele Religionen »auszuprobieren«, sondern vielmehr in ihrer eigenen religiösen Heimat Möglichkeiten zu eigenen Entscheidungen zu entdecken und zu erproben. Dazu gehört, dass die Entdeckung ihres eigenen Willens auch in religiösen Bezügen wirksam werden kann. Kinder dürfen deshalb auch zu religiösen Angeboten »Nein« sagen. Das hat nichts mit religiöser Stumpfheit zu tun, sondern mit dem Zusammenwirken von Übernommenem und Eigenem. Kinder brauchen deshalb auch Verhaltensweisen der angemessenen Verweigerung.

Wichtig ist, dass das Nicht-Teilnehmen in einer Form geschehen kann, welche die anderen in ihrem Verhalten nicht stört und die umgekehrt die gezeigte Distanz als etwas Normales erscheinen lässt. Beim Einüben in *Gebets*haltungen, etwa dem Hände-Falten, dem selbstständigen Einbringen von Gebetsgedanken ist zu klären, wie man auch dabei sein kann, ohne mitzubeten und ohne dass dies als störend oder als ausgrenzend empfunden wird. Beim *Erzählen* biblischer Geschichten kann geklärt werden, dass manche Menschen diesen Geschichten ablehnend gegenüberstehen und jeder das Recht hat, auch kritische Rückfragen und das Nichtgefallen mitzuteilen. Bei *Gesprächen* über Gott kann gut zur Sprache kommen, dass viele Menschen an Gott, so wie wir ihn kennen, nicht glauben können, dass hier Überzeugungen voreinander abweichen.

Überlegen Sie, ob bzw. wo Kinder in Ihrer Einrichtung bei Aktivitäten der religiösen Erziehung die Möglichkeit haben,
- *sich gegen die Teilnahme an religiösen Angeboten zu entscheiden*
- *sich in deren Verlauf auch zurückzuziehen, ohne andere zu stören*
- *andere Verhaltensweisen zu praktizieren, in denen ihre innere Distanz zum Ausdruckkommen kann.*

Organisation der interreligiösen Erziehung in der Kita

Bisher haben wir die christliche Verwurzelung und Beheimatung an der Person der bzw. des Erziehenden fest gemacht. Sie repräsentieren in ihrer christlichen Einstellung und den damit verbundenen Verhaltensweisen – samt ihrer persönlichen Einstellung zum Überlieferten, ihren eigenen offenen Fragen und Zweifeln – die christliche »Wohnung«, in die auch angesichts einander widersprechender Traditionen die »religiösen Gäste« eingeladen sind. Vor allem in kirchlichen Tageseinrichtungen ist solche christliche Beheimatung auch mit deren Selbstverständnis und Profil gegeben. In einem kirchlichen Kindergarten ist zu erwarten, dass Kindern hier eine christlich-religiöse Beheimatung angeboten wird. Christliche Kinder finden in ihm und auch in kommunalen, die religiöse Erziehung zu ihrer Aufgabe machen, ihre religiöse Heimat – andere nicht. Damit aber stellt sich erneut die Frage, ob nichtchristliche Kinder damit benachteiligt sind. Sollte ihnen nicht auch Beheimatung in ihrer Religion ermöglicht werden? Könnte religiöse Erziehung auch so organisiert werden, dass in allen Kinder ihr religiöses Heimatgefühl gestärkt wird? Aber wie wäre das zu leisten? Ist es überhaupt möglich und auch sinnvoll? Folgende Alternativen bieten sich an:

Islamische Kindertagesstätten

Die Einrichtung islamischer Kindergärten wird gefördert. Muslimischen Eltern, die Vorbehalte gegenüber einer christlich orientierten Erziehung haben, wird nahegelegt, ihre Kinder dort anzumelden. Zwischen christlichen und islamischen Einrichtungen könnten sich dann Partnerschaften entwickeln.

Aber wird damit nicht Motivation und Gelegenheit zu interreligiöser Erziehung erheblich beschränkt? Wird damit nicht gerade die Gettobildung in religiöser und v.a. auch in sozialer Hinsicht gefördert?

Wer soll die Trägerschaft der islamischen Einrichtungen übernehmen? Wo erhalten die muslimischen Erzieherinnen ihre pädagogische und religionspädagogische Ausbildung?

Islamische Unterweisung in bestehenden Einrichtungen

In den bestehenden Einrichtungen wird eine spezielle islamische Unterweisung eingerichtet. Regelmäßig wird ein Vertreter der islamischen Gemeinde eingeladen, der die muslimischen Kinder um sich sammelt.
Aber wird das nicht ein Fremdkörper sein im Alltag der Kindertagesstätte, eine Sonderveranstaltung, abgegrenzt von dem, was sonst geschieht? Den Kindern wird abverlangt, das dort Erlebte mit dem bei den Erzieherinnen Erlebten zusammenzubringen. Und ist das nicht auch ein willkommenes Alibi, um die interreligiöse Erziehung damit »abzuhaken«? Wie passt es darüber hinaus zum Selbstverständnis des Trägers eines kirchlichen Kindergartens, wenn Vertreter einer islamischen Gemeinde mit den Kindern in ihm ihren Glauben zum Ausdruck bringen?

Zusammenarbeit von christlichen und muslimischen Religionspädagogen

Christliche und muslimische Vertreter der Religionsgemeinschaften gestalten wechselweise religiöse Erziehung. Beide fühlen sich den dargelegten Grundsätzen interreligiöser Erziehung verpflichtet. So werden regelmäßig und wechselseitig beide Rollen des religiös Beheimateten und des religiösen Gastes eingeübt. Damit werden sowohl Ungleichbehandlung als auch multireligiöses Durcheinander vermieden.
Aber wird sich diese Konstruktion realisieren lassen? Sie setzt intensive Zusammenarbeit aller Beteiligten voraus. Und die religiöse Erziehung bleibt weiterhin vom alltäglichen Leben der Kindertagesstätte abgetrennt und damit eine Sonderveranstaltung.

Muslimische Erzieherinnen

Es werden – auch in kirchlichen Einrichtungen – verstärkt muslimische Erzieherinnen eingestellt, die im Rahmen ihrer Möglichkeiten auch islamische Elemente in den Kindergartenalltag einbringen. Ihre hauptsächliche Aufgabe in der interreligiösen Erziehung aber wäre es, den muslimischen Kindern als hauptamtliche Mitarbeiterin den religiösen Gaststatus in dieser Einrichtung bei Elementen der christlichen religiösen Erziehung vorzuleben. Diese Erzieherin könnte in diesem Sinne eine wichtige Brücke zu den muslimischen Eltern sein, im Team eine Expertin für ihre eigene Religion und eine wichtige Mitdenkerin bei der Gestaltung der »Gratwanderung« zwischen den Polen der Integration und der Abgrenzung, den Kindern eine wichtige Hilfe zur Stärkung ihrer religiösen Identität.
Aber dazu müssten in den Kirchen wohl erst die Einstellungsrichtlinien geändert werden. Und wie könnten die muslimischen Erzieherinnen auf ihre Rolle in der interreli-

giösen Erziehung vorbereitet werden? Würde damit das Ziel der religiösen Gleichbehandlung aller Kinder überhaupt erreicht werden können? Denn am religiösen Gaststatus der nichtchristlichen Kinder ändert sich dabei doch nicht viel!

Personelle Ressourcen von außen

Es werden verstärkt Möglichkeiten gesucht, kompetente nichtchristliche Personen als Vertreterinnen und Vertreter ihrer Religionsgemeinschaft in die Einrichtung einzuladen. Dies müsste auch ein besonderes Ziel der Elternarbeit sein. Eltern wären doch noch am ehesten in das alltägliche Geschehen der Kindertagesstätte eingebunden. Sie könnten auch andere Eltern dazu motivieren, gerade bei der religiösen Erziehung im christlichen Sinne dabei zu sein und so auch angesichts religiöser Differenzen bei ihren Kindern die Rolle des »religiösen Gasts« zu stärken. Es wäre doch grundsätzlich gut, wenn möglichst viele Kinder sich in der interreligiösen Erziehung an Personen orientieren können, die mit ihnen religiös »verwandt« sind. Je mehr solcher Standortbezug gestärkt wird, desto leichter können sich auch alle Kinder für andere Religiosität öffnen. Multireligiöse Vielfalt wird damit nicht zum Durcheinander, sondern wird an den sichtbar repräsentierten religiösen Standorten im Spannungsfeld von Heimat und Gaststatus ausgerichtet.

Aber damit wird an den organisatorischen Strukturen kaum etwas verändert. Ob sich solche Eltern finden lassen, die zum Mitwirken in diesem Sinne überhaupt bereit sind, bleibt offen.

- *Wie beurteilen Sie diese Alternativen?*
- *Mit welchen lassen sich in Ihrer Situation und angesichts der gegebenen Realität die Vorstellungen von interreligiöser Erziehung am besten verwirklichen?*
- *Welche sollten gezielt vorangetrieben werden?*
- *Welche Vorbehalte/Widerstände von Beteiligten sollten überwunden werden?*
- *Was könnten Sie zur Klärung anstehender Fragen und an konkreten Aktivitäten einbringen?*

Eine muslimische Mutter, die mit ihrer Verheiratung zum islamischen Glauben übergetreten war, lädt die Kindergruppe zu sich in die Wohnung ein. Sie möchte mit dem Vollzug des islamischen rituellen Gebets (▶ S. 134 f.) bekanntmachen. Zunächst wird alles erklärt, und manches gibt es für christliche Kinder zu bestaunen: den Gebetsteppich, den prächtig gestalteten Koran mit den arabischen Schriftzeichen, einen Kerzenleuchter, die Gebetsschnur. Dann vollziehen die muslimischen Kinder mit der Mutter Schritt um Schritt das Gebet, von den rituellen Waschungen im Bad bis zu den Gebetshaltungen und -worten auf dem Teppich. Die nicht-muslimischen Kinder sitzen ringsherum dabei und schauen aufmerksam zu. Danach findet ein Gespräch statt, in dem Beobachtungen und Erfahrungen ausgetauscht werden.

- *Wie beurteilen Sie dieses Element interreligiöser Erziehung?*
- *Welche Forderungen an die interreligiöse Erziehung scheinen Ihnen hier verwirklicht zu sein? Haben Sie Einwände oder Bedenken?*
- *Auf welche vorherigen Absprachen mit der muslimischen Mutter sollte geachtet werden?*
- *Vielleicht haben Sie Lust dieses Vorbereitungsgespräch zu spielen?*
- *Versuchen Sie auch, Ihre Vereinbarung den christlichen Eltern gegenüber zu begründen!*
- *Wie würden Sie die Kinder auf diesen Besuch vorbereiten?*
- *Wie kann den christlichen Eltern erklärt werden, dass ihre Kinder diesmal die »religiösen Gäste« sind?*
- *Lässt sich vereinbaren, dass sich die nicht-muslimischen Kinder in ihrem Verhalten an Ihnen als der christlichen Erzieherin orientieren?*
- *Gibt es vor oder nach diesem rituellen Gebet, das nach islamischem Verständnis nur Muslime vollziehen dürfen, auch etwas Religiöses, das alle Kinder gemeinsam miteinander tun können?*

Die beteiligten Eltern

Familien aus anderen Kulturkreisen

Ausländische Familien, die nach Deutschland gekommen sind, haben auch eine Gratwanderung zu leisten, nämlich die zwischen der Assimilation, der Angleichung an die neuen gesellschaftlichen Verhältnisse und dem Festhalten an der eigenen Identität, die sich von früheren Bindungen und Überlieferungen nährt. Im öffentlichen Leben werden viele Anpassungsleistungen abverlangt, während im privaten Bereich die Traditionen des Heimatlandes lebendig bleiben können. Die Religionszugehörigkeit weist in den Bereich der früheren Verwurzelung. Unabhängig davon, wie die eigene Gratwanderung zwischen Assimilation und Identität geleistet wird, immer sind auch die religiösen Bindungen davon betroffen:

- Manche messen ihrer eigenen religiösen Bindung kaum Bedeutung bei – und verhalten sich so nicht anders als die meisten Christen.
- Andere lassen sich auf einen Umgang mit ihrer Religion ein, der die Auseinandersetzung mit den neuen Gegebenheiten in Deutschland zulässt, für den der Dialog mit den anderen in Deutschland vertrete-

nen Glaubensrichtungen wichtig ist. Es ist verständlich, dass in diesen Kreisen die interessantesten Partner für den interreligiösen Dialog zu finden sind.

- Viele halten an den traditionellen religiösen Bindungen fest und schaffen sich so ein Gegengewicht zu den sonst abverlangten und oft anstrengenden Integrationsleistungen.
- Und wieder andere ziehen sich in eine übersteigert abgrenzende Religiosität zurück und nehmen fundamentalistische Positionen ein. Von solchen Eltern werden die Bemühungen um interreligiösen Dialog von christlicher Seite aus eher als Zeichen der Schwäche und des Nachgebens, bzw. umgekehrt als Signal für die Überlegenheit ihrer eigenen Religion verstanden.

- *Welche dieser Positionen könnten Sie bei den muslimischen Eltern in Ihrer Einrichtung erkennen?*
- *Bei welchen spüren Sie die Sorge um die religiöse Identität ihrer Kinder, bei welchen andere Einstellungen?*
- *Zu welchen Eltern finden Sie leichter, zu welchen schwerer Zugang?*
- *Welche Chancen und Probleme für die interreligiöse Erziehung in Ihrer Gruppe bzw. Einrichtung ergeben sich daraus?*

Konfessionslose und religiös desinteressierte Eltern

Einwände gegen die religiöse Erziehung kommen in der Regel weniger von Mitgliedern anderer Religionen als von religiös desinteressierten und ablehnenden Eltern. Viele Argumente sind da zu hören:

- Ich lehne es ab, dass Kirche im Kindergarten durch religiöse Erziehung unter den Kindern, die sich nicht dagegen wehren können, Mitgliederwerbung betreibt.
- Die Kinder sollen nicht religiös beeinflusst werden. Das ist Manipulation. Sie sollen später selbst entscheiden, was sie wollen.
- Ich habe mit der Kirche und dem christlichen Glauben nichts im Sinn. Ich kann gut auch ohne das alles leben, und ich glaube, meine Kinder auch.
- Glaube ist Privatsache, das geht sowieso sonst niemand etwas an.
- Religion ist doch wissenschaftlich widerlegt. Warum wird das nicht zur Kenntnis genommen?
- Ich vertrete eine spirituelle Religiosität, wie ich sie in der Kirche nicht finde. Die möchte ich meinem Kind selbst vermitteln.
- Religion ist doch etwas von gestern. Aber die Kinder sollen doch auf die Welt von morgen vorbereitet werden.

- Ich will nicht, dass mein Kind den ganzen Tag betet und fromme Lieder singt. Das tut doch kein normaler Mensch.

- *Kennen Sie solche Äußerungen? Können Sie diese Aussagen ergänzen?*
- *Wie haben Sie darauf reagiert?*
- *Bei welchen solcher Aussagen fühlen Sie sich verunsichert?*

Das Grundmodell interreligiöser Begegnung gilt auch hier

Versuchen wir doch, das Konzept der interreligiösen Begegnung auch hier anzuwenden. Dann gilt es, die ablehnende Haltung der Eltern nach dem Muster einer anderen Religion zu verstehen. Daraus ergeben sich folgende Gesichtspunkte:

Auch die ablehnende Haltung verdient Respekt. Wir sollten weniger den Angriff auf die von uns bzw. in der Einrichtung vertretene christliche Position heraushören als den Versuch, eine eigene Position darzustellen. Das Merkmal dieser »anderen« religiösen Position ist aber meist, dass sie sich nur in der Ablehnung kirchlicher Religiosität ausdrücken kann. Sie ist nur beschreibbar in dem, was bei ihr *nicht* geschieht. Kann es uns gelingen, solche Distanzierung von christlichen Inhalten als das religiös Andere wahrzunehmen und zu verstehen? Ziel wäre es damit, in solchem Hören den emotional vorgetragenen Vorwurf in das sachliche Merkmal des Andersseins zu verwandeln. Etwa so: »Ich nehme wahr, dass ein gesprochenes christliches Gebet nicht zu Ihren Vorstellungen passt.«

Zugleich gilt es zu verdeutlichen, dass die Einrichtung eine religiöse Grundorientierung hat, die nicht zur Disposition steht. Die religiöse Dimension, die zum Menschsein dazugehört, wird hier in der Ausprägung der christlichen Überlieferung in das Erziehungs- und Bildungsgeschehen eingebracht. Hier kann es – vor allem nach dem Selbstverständnis eines kirchlichen Trägers – nicht um Mehrheitsentscheidungen gehen. Aber diesen Standpunkt verstehen wir ja nicht als Abschottung von anderen Einstellungen, sondern als Ausgangspunkt für Begegnungen.

In diesem Sinne soll nach Gemeinsamkeiten Ausschau gehalten werden. Da sie nicht in anderen religiösen Überlieferungen aufgespürt und erfahren werden können, bleibt nur der Weg, sie im gemeinsamen Gespräch über Intentionen und Inhalte der religiösen Erziehung zu finden. Da reagieren Eltern vielleicht zustimmend, dass es beim Beten weniger um das auswendige Hersagen von Reimgebeten geht, als um das Zur-Ruhe-Kommen und Aussprechen, was einen bewegt, was Grund zum Danken und Bitten ist.

Oder dass das Erzählen biblischer Geschichten darauf zielt, in den Kindern Vertrauen zu stärken und Angst zu mindern, Selbstbewusstsein zu fördern und Mut zum Leben zu machen. Oder dass in Gesprächen über religiöse Fragen Kinder vor allem dazu ermuntert werden sollen, ihre eigenen Vorstellungen einzubringen und zu klären.

Und dann geht es um Vereinbarungen und Absprachen: Wie kann darauf geachtet werden, dass Kinder nicht von der religiösen Haltung ihrer Eltern entfremdet werden? Die Erzieherinnen bringen so den Eltern gegenüber ihre Sensibilität für deren Situation zum Ausdruck: Woran sollten die Kinder auf keinen Fall teilnehmen? Wie kann ihnen immer wieder verdeutlicht werden, dass Christen so denken, andere eine andere Überzeugung haben und dies etwas ganz Normales ist? Können Formen des distanzierten Dabeiseins vereinbart werden? Analog etwa zu muslimischen Kindern wird also auf diese Weise auch hier an einem Verhalten im Zeichen des religiösen »Gast-Status« gearbeitet. Freilich wird so oft genug den Kindern das Hin- und Hergerissensein zwischen Elternhaus und Kindergarten nicht erspart.

Da finden sie etwa die religiösen Elemente im Morgenkreis schön und können gar nicht verstehen, was die Eltern nur dagegen haben. Aber es wird ihnen erleichtert, diesen Spagat auszuhalten, wenn ihre religiöse Herkunft von den Erzieherinnen jeweils mitgedacht wird und dies in entsprechenden Worten und Gesten zum Ausdruck kommt.

Am schwierigsten ist es wohl mit den Erkundungen im Bereich der anderen religiösen Einstellungen. Denn am Nicht-Tun kann ja schwerlich Neues entdeckt werden. Hier bietet sich aber an, die Eltern – entsprechend dem ersten Punkt – in ihrem Verhalten den Kindern gegenüber um Entemotionalisierung und Versachlichung ihrer Ablehnung der christlich-religiösen Erziehung zu bitten. Statt »So ein Blödsinn, was die da machen«, könnte doch auch gesagt werden: »Wir denken da anders darüber. Das ist uns fremd. Wir können damit nichts anfangen!«

Versuchen wir nun die Abwehr von Eltern gegenüber christlich-religiöser Erziehung noch differenzierter zu erfassen. Fünf unterschiedliche Positionen lassen sich ausmachen.

»Religion ist Privatsache. Jeder Mensch soll sich selbst entscheiden«

Solche Eltern stellen die Freiheit und Selbstständigkeit des Individuums auch in religiösen Dingen in den Vordergrund. Religiöse Bevormundung ist ihnen zuwider. Vielleicht haben sie so etwas selbst erfahren und mussten sich mühsam davon freimachen. Gerade weil Kinder doch so leicht beeinflussbar sind, halten sie die freie persönliche Entscheidung hoch.
Ihnen gegenüber kann argumentiert werden, dass auch die Entscheidungsfähigkeit gelernt werden muss. Angemessen entscheiden kann nur, wer religiöse Zugehörigkeit wirklich erlebt hat. Auch die Ablehnung religiöser Erziehung ist schon eine vorweggenommene Entscheidung. Kindern wird mit dieser Ablehnung verwehrt zu erleben, was religiöse Bindung für einen bedeuten, was sie an Geborgenheit und Vertrauen vermitteln kann. Und mit einer bewusst intendierten Erziehung zur Entscheidungsfähigkeit (▶ S. 55 f.) wird doch gerade ihren Wünschen entsprochen.

Patchwork-Religiosität

Solche Eltern haben ihre Freude am bunten religiösen »Markt der Möglichkeiten«. Sie sind interessiert an dem, was die neuen »religiösen Strömungen« bieten und tauchen gerne ein in den »Dschungel der neuen Religiosität« (G. Schmid). Das mag esoterisches Verbundenheitsgefühl mit dem ganzen Kosmos sein, das Erleben tiefer Harmonie unter entsprechender Anleitung oder das Wiederbeleben germanischer Naturreligionen in gemeinsam gefeierten Sonnwendnächten an heiligen Orten oder die Meditationspraxis unter Anleitung eines Gurus. Traditionelle kirchliche Frömmigkeit erscheint ihnen als altmodisch und abgestanden, als erlebnisarm und eintönig. Für sie steckt die Lebendigkeit viel mehr in der multireligiösen Vielfalt.

Ihnen gegenüber sollte verdeutlicht werden, dass in der Kindertagesstätte die Orientierung an überlieferter christlicher Position zur Konzeption religiöser Erziehung gehört. Schwierig ist es wohl, mit den Kindern das Andere solcher bunt vielfältigen Religiosität zu entdecken. Das brächte doch allerhand Missverständnisse mit sich. Und könnte man bei ihnen die Form des distanzierten Dabeiseins praktizieren? Aber zugänglich wären solche Eltern womöglich für eine im christlichen Sinne religiöse Erziehung mit ganzheitlichen Elementen, die sie vielleicht selbst früher in karger protestantischer Kirchlichkeit entbehren mussten: für meditative Elemente, ganzheitlichen Umgang mit Symbolen, vor allem der Natur, für schöpferischen Ausdruck der inneren Bilder.

»Religion interessiert mich nicht«

Mit kirchlicher Frömmigkeit haben solche Eltern gebrochen, oder sie haben so etwas nie kennen gelernt oder kennen sie nur als ein mit Vorurteilen bestücktes Zerrbild. Kann ihnen verdeutlicht werden, dass Religiosität zum Menschen dazugehört und noch nicht mit kirchlicher Frömmigkeit oder nichtchristlichen Religionen identisch sein muss?

Untersuchungen weisen darauf hin, wie auch in vielen so genannten »weltlichen«, säkularisierten Einstellungen und Verhaltensweisen Religiosität mitschwingt. Massenmedien, vor allem das Fernsehen, haben heute die Funktion einer »Quasi-Religion« übernommen. In andächtiger Sitzhaltung wird den Botschaften vom glücklichen Leben gelauscht, eingebunden in eine universale Seh-Gemeinschaft. Viele verhalten sich der Wissenschaft gegenüber (immer noch) mit religiöser Hingabe und grenzenlosem Vertrauen. Sie erscheint wie ein Schutzschild gegen alle Bedrohungen. Oder ist es das Auto, das wie ein Kultgegenstand gepflegt wird, und das in der Geschwindigkeitsekstase Grenzen sprengende Erlebnisse bringt? Oder der Konsum, dem in den Kaufhäusern als gleichsam glitzernden Tempeln gehuldigt wird und der tief sitzende Bedürfnisse nach »Leben« zu befriedigen scheint. Die Werbung, die immer unverblümter religiöse Motive aufnimmt (»Durst nach Leben; Sehnsucht nach der großen Weite; Himmlische Freude«) scheint dies zu bestätigen. Ob nicht auch der Sport religiös besetzt ist? Stars werden wie Götter ver-

ehrt, ihre Siege stiften Lebensmut und Erfolgsgefühl; die »Fan-Gemeinde« im Fußballstadion stimmt Bekenntnislieder an und legt sich die Schals um. Analoges gilt für die Musik. Auch Liebe und Familie werden oft religiös besetzt, wenn von ihnen all die Wärme, Geborgenheit und Sinngebung erwartet wird, die in der »kalten« Welt schmerzlich vermisst werden – oft genug zerbrechen Ehen an solcher »religiösen« Überforderung.
Derlei Formen moderner »Religiosität« sollten freilich nicht von oben herab kritisiert werden, aber sie widerlegen doch deutlich die Behauptung, dass die moderne Gesellschaft die religiösen Bedürfnisse hinter sich gelassen habe.

Zum Weiterlesen:
Schmid, Georg: Im Dschungel der neuen Religiosität. Esoterik, östliche Mystik, Sekten, Islam, Fundamentalismus, Volkskirchen, Stuttgart 1992.

»Die Kirche hat mich enttäuscht«
Wahrscheinlich wurden und werden mit kirchlicher Erziehung und Sozialisation auch viele negative Erfahrungen gemacht. Und die verbinden sich gerne mit Vorurteilen, die bei der institutionskritischen Gesamtstimmung in unserer Gesellschaft »in« sind. »Religion ja – Kirche nein« ist das religiöse Leitmotto vieler.
Gemeinsamkeiten könnten im Austausch über Erfahrungen mit Kirche gefunden werden, bei denen Erzieherinnen auch ihre eigene Kritik an der Kirche deutlich machen. Der entscheidende Unterschied besteht dabei darin, ob diese Kritik innerhalb der Kirche oder in Abgrenzung von ihr vorgetragen wird.

Hilfreich ist die Unterscheidung zwischen gesellschaftlichem, kirchlichem und privatem Christentum (D. Rössler). Das gesellschaftliche Christentum äußert sich in dem christlichen Grundverständnis unserer Gesellschaft, z.B. im Widerstand gegen die Abnahme der Kreuze in bayerischen Schulzimmern. Neben dem kirchlichen Christentum, bestimmt durch Gottesdienste und Glaubenslehren, hat sich ein individuelles Christentum etabliert, das vor allem in den Familien tradiert wird. Es nimmt nur dort kirchliche Angebote auf, wo sie diese familiale Frömmigkeit stützen (z.B. Weihnachtsgottesdienst, Taufe, Erstkommunion, Konfirmation, Firmung, Trauung, weitere Segenshandlungen). Religiöse Erziehung in kirchlichen Kindergärten handelt an der Schnittstelle aller drei Bereiche. Kirchliche Trägerschaft von Einrichtungen wird gesellschaftlich weitgehend akzeptiert, überlieferte Traditionen werden in ihnen umgesetzt in familiennahe Religiosität, streng an den Lebenssituationen der Kinder und auch Eltern orientiert. Mit solcher Differenzierung könnte vielleicht auch die Kritik der Eltern differenzierter und konstruktiver werden und deutlichere Abmachungen hinsichtlich des wechselseitigen Akzeptierens von Unterschieden ermöglichen.

»Sie können alles mit den Kindern machen, nur nicht beten!«

Hinter solcher Äußerung mag die Angst stecken, man sei den Ansprüchen religiöser Erziehung nicht gewachsen und könne nur hilflos reagieren, wenn das Kind seine religiösen Erfahrungen aus dem Kindergarten mit nach Hause bringt: »Was machen wir bloß, wenn das Kind auch zu Hause ein Tischgebet haben will oder wenn es uns Fragen zu religiösen Inhalten stellt?« Viele Eltern wollen sich nicht gerne über ihre Kinder zu Hause einen für sie fremden religiösen Stil aufdrängen lassen.

Wichtig sind hier der Abbau von Unsicherheiten sowie die Entlastung der Eltern von solchen Aufgaben, von denen sie sich überfordert fühlen. So könnte ihnen Mut gemacht werden, die eigene Unwissenheit den Kindern gegenüber einzugestehen. Es tut der elterlichen Autorität keinen Abbruch, wenn man keine passende Antwort parat hat. Fragen können auch an die Erzieherinnen zurückgegeben werden, und auch die müssen sich ja oft genug von anderer Seite Rat holen. Vielleicht hilft es auch den Eltern zu wissen, dass sie in ihrer anderen religiösen Einstellung ernst genommen werden und kein Erwartungsdruck ihnen gegenüber besteht, die religiöse Erziehung zu Hause in ganz bestimmter Weise weiterzuführen.

»Wir erwarten religiöse Erziehung ganz im Sinne der Bibel«

Zuweilen fordern Eltern intensive religiöse Erziehung ganz nach ihren Vorstellungen ein. Regelmäßig soll gebetet und es sollen den Kindern biblische Geschichten erzählt werden – und zwar möglichst nahe am biblischen Wortlaut. Auch das Reden von Gottes Strafen dürfe da nicht ausgespart werden. Und gegenüber interreligiösen Ansätzen wird der Wahrheitsanspruch des Evangeliums betont. Auch ihnen gegenüber könnte das Bewusstmachen unterschiedlicher Standorte praktiziert werden. Das Pochen auf religiöse Erziehung in ihrem Sinne wird ihnen selbst zugestanden, aber dem steht ein anderes religionspädagogisch fundiertes Konzept in der Einrichtung gegenüber.

Oft geschieht es, dass Kinder aus solchen Familien bei ihrem Nacherzählen biblischer

Geschichten genau das betonen, was die Erzieherin aus bestimmten Gründen weggelassen hat. Der Einwand »Aber so steht es doch in der Bibel« bringt sie in Verlegenheit. Die Antwort könnte sein: »Den einen sind ganz bestimmte Sätze in der Bibel wichtig, bzw. dass nichts weggelassen wird. Mir ist an dieser Geschichte wichtig, dass sich die oder jene Person über Gott freuen und ihm danken konnte. Darum habe ich sie so erzählt.« (▶ S. 45)

Sicherlich wird den Erziehenden der Kindertagesstätten in ihrer Kommunikation mit Eltern und deren kritischen Anfragen an die im Kindergarten praktizierte religiöse Erziehung viel Standvermögen abverlangt. Aber das interreligiöse Modell kann helfen, die Positionen auseinanderzuhalten, deren Beziehungen zueinander zu klären und darüber nachzudenken, wie den Kindern das Leben mit beiden Positionen erleichtert werden kann.

Mit den Eltern im Gespräch bleiben

Schon im Anmeldegespräch und dann bei konkreten Anlässen sollten mit den Eltern folgende Fragen zur religiösen Erziehung geklärt werden (zur Elternarbeit mit Muslimen ▶ S. 97 ff.).

- Wie ist ihr Verhältnis zu den einzelnen Elementen einer christlichen Erziehung im Kindergarten?
- Wo gibt es religiöse Gemeinsamkeiten? Das können auch gemeinsame Kritik und Zweifel an bestimmten christlichen Überlieferungen sein.
- Wo sind Konfliktzonen, bei denen die Eltern unvereinbare Widersprüche zu den Zielen ihrer eigenen religiösen Überzeugung sehen?
- Welche Formen bieten sich an, mit dieser Differenz konstruktiv und fantasievoll umzugehen?
- Wie können die Eltern ausführlich über Aktivitäten im religiösen Bereich informiert werden?
- Zu welchen religiösen Aktivitäten in der Einrichtung können Eltern eingeladen werden?
- Wie sind Absprachen möglich, ob und bei welchen Veranstaltungen Eltern ihre Kinder zu Hause lassen möchten?
- Welche Vereinbarungen über religiöses Gastsein der Christen bei Nichtchristen können angeregt werden?

Grenzen interreligiöser Erziehung

Die bisherigen Überlegungen gingen von jeweils gegebenen Möglichkeiten der interreligiösen Verständigung und Erziehung aus. Dem steht jedoch oft eine ganz anders geartete Realität gegenüber:

- Das gilt zum einen im Blick auf die Erziehenden: Wenn Kinder aus vielen unterschiedlichen Nationen und religiösen Traditionen stammen, bzw. aus Elternhäusern, die dem christlichen Glauben gegenüber ganz unterschiedlich eingestellt sind, dann müsste ja für jedes Kind dessen religiöse Herkunft bedacht werden, um zu vermeiden, dass es und vor allem seine Eltern in ihren religiösen Empfindungen verletzt und in ihren Überzeugungen verunsichert würden. Viele Elterngespräche müssten geführt werden, um über jedes Kind und seinen religiösen Hintergrund ausreichend Bescheid zu wissen. Und das setzt auch bei den Erziehenden viele Vorkenntnisse voraus, um angemessen zurückfragen zu können. Schließlich begegnen uns ja auch die Mitglieder anderer Religionen in einer Vielzahl unterschiedlicher Einstellungen und Verhaltensweisen gegenüber ihren

Traditionen. Ist diese Aufgabe also wirklich zu leisten? Auch wenn sie in dieser Differenziertheit nicht zu bewältigen ist, sollte doch aufmerksam in dieser Richtung gearbeitet werden, vor allem

- wenn gegenüber mehreren Eltern mit ähnlichem religiösen Hintergrund interreligiöser Klärungsbedarf besteht
- wenn es in religiösen Fragen zu Konflikten mit einzelnen Eltern kommt
- wenn Projekte geplant werden, etwa die Gestaltung besonderer Gottesdienste, oder auch Besuche bei den »religiösen Nachbarn«.

»Wenn wir nur an die muslimischen Eltern herankämen!«, klagen viele Erzieherinnen. »Wir finden ja gar keine Gelegenheit, um mit ihnen die nötigen klärenden Gespräche zu führen und Vereinbarungen zu treffen!« Und immer wieder wird beobachtet, dass entstandenes Vertrauen wieder schwindet, hergestellte Kontakte wieder zurückgenommen werden – und man kann nur vermuten, was wohl die Ursache sein mag: Rückzug in das eigene religiöse Milieu? Verunsicherung angesichts gesellschaftlicher Veränderungen? Verstärkte fundamentalistische Tendenzen?
Aber es bleibt kein anderer Weg, als immer wieder um Vertrauen zu werben. Dabei ist besonders auf die Einbettung der interreligiösen Thematik in die interkulturelle Arbeit zu achten (▶ S. 12 ff.). Immer wieder geht es darum, interkulturelle Begegnungen zu arrangieren (▶ S. 97 ff.), um eine Vertrauensbasis entstehen zu lassen und zu stärken, auf der dann auch interreligiöse Fragen bedacht werden können.

Andererseits geschieht es zuweilen auch, dass Eltern und in deren Gefolge die Kinder nichtchristlicher Herkunft und Einstellung die christliche Grundorientierung der Kindertagesstätte in Frage stellen. Etwa wenn eine Mehrheit kirchenferner Eltern unter Hinweis auf die Förderung der Einrichtung mit öffentlichen Mitteln religiöse Erziehung verhindern wollen. Oder wenn eine Mehrheit muslimischer Eltern im kirchlichen Kindergarten betont, dies sei *ihr* Kindergarten, der mit der Kirche nichts zu tun habe. Und dann kommt vielleicht noch dazu, dass manche sogar kämpferische Hintergedanken dabei haben, an die Überlegenheit des Islams über das Christentum denken und etwa ein islamisches Symbol in der Einrichtung in diesem Sinne deuten. Oder wenn muslimische Jungen der Erzieherin erklären, dass sie sich von einer Frau nichts zu sagen lassen haben. Oder wenn muslimische Kinder die christlichen als »dreckig« beschimpfen, weil sie Schweinefleisch essen und vor dem Beten keine rituellen Waschungen vornehmen.
Vielleicht wurde zu lange das verständnisvolle Zugehen auf andere mit dem Zurück-

nehmen der eigenen Position oder gar dem Verzicht auf sie verwechselt. Aber zu echter Toleranz gehört neben dem Anerkennen und Geltenlassen des Anderen auch das – gegebenenfalls auch energisch vertretene – Recht auf das Eigene.

Passive und aktive Toleranz

An dieser Stelle könnte die Unterscheidung zwischen negativer und positiver, d.h. zwischen passiver und aktiver Toleranz hilfreich sein. Negative Toleranz meint das Recht, von niemandem zu einer Religionsausübung gezwungen werden zu dürfen. Dem entspricht eine oft passive Haltung, nämlich der Verzicht darauf, durch eigene Religionsausübung im öffentlichen Bereich andere in ihrer Religionsfreiheit zu beeinträchtigen. Unter diesem Stichwort wird der religionsneutrale Staat angemahnt und der Rückzug der Kirchen aus ihrer Einflussnahme auf das öffentliche Leben und auf ihre Privilegien gefordert. In dieser Perspektive stehen kirchliche Einrichtungen und ihre religiöse Erziehungspraxis oft mit dem Rücken an der Wand der Anklage, religiös zu manipulieren und Überlegenheit auszuspielen. Und je weniger die Mitglieder der Kindertagesstätte christlich gebunden sind, desto häufiger geschieht dies.

Zur Toleranz gehört aber auch die positive, d.h. ihr aktives Element, nämlich das Recht auf Religionsausübung, auch im Bereich von Erziehung und Bildung. Das Hineinwachsen in eine religiöse Heimat darf nach dem Willen der Verfassung nicht behindert werden. Zwischen beiden Polen gilt es einen angemessenen Ausgleich zu suchen, der beiden Forderungen gerecht wird. In einem Kindergarten mit christlicher Grundorientierung haben also Kinder auch das Recht auf ungestörte Religionsausübung, auf Schutz vor Beleidigung und Verunsicherung. Interreligiöse Erziehung setzt hier bei der Stärkung der religiösen Position an, von der aus sie sich entfalten soll. Erinnert sei an die Überlegungen (▶ S. 22 ff.), wonach alle Menschen in unserem Land, Mitglieder aller Religionen dem Grundgesetz verpflichtet sind, das den Schutz der Würde jedes einzelnen Menschen als höchstes Staatsziel proklamiert.

Die Realität interreligiöser Erziehung zeigt sich auch in der oft anstrengenden Fülle jeweiliger Einzelentscheidungen und Klärung von Missverständnissen. Ein muslimischer Vater beschwert sich, dass beim Gebet alle Kinder die Hände falten sollen. Daraufhin vereinbart die Erzieherin, dass die Kinder so beten dürfen, wie sie wollen. Darauf beschwert sich der Vater wieder, dass es nicht richtig sei, dass beim Beten jeder tun kann, was er will.[1] Entscheidungen kosten Kraft. Sollen im Kindergarten Symbole des Islam angebracht werden? Sollen gar Räume der Kindertagesstätte zeitweise islamischen Gruppierungen zur Durchführung ihrer Veranstaltungen überlassen werden? Soll eine Tauferinnerungsfeier durchgeführt werden oder nicht? In jedem Fall sind die örtlichen Gegebenheiten sorgfältig abzuwägen. Aber ein klares interreligiöses Gesamtkonzept kann die Einzelentscheidungen sicherlich erleichtern und es hilft, die getroffenen Entscheidungen auch genau zu begründen.

[1] Mildenberger, Michael: Kirchengemeinden und ihre muslimischen Nachbarn, Frankfurt am Main 1990, S.21

Kapitel 3
Die eine Wahrheit in der Vielfalt der Religionen – eine theologische Orientierung

Bei der vorangegangenen Beschreibung des interreligiösen Konzepts stand die Gleichzeitigkeit von Beheimatung im Eigenen und Offenheit für das Fremde im Mittelpunkt. Und es ging darum, wie beide Elemente in ihrem spannungsvollen Zueinander im Alltag der Kindertagesstätte zu ihrem Recht kommen können. Wie aber sind diese beiden Aufgaben im Selbstverständnis des christlichen Glaubens verankert? Wie sind sie in den biblisch-christlichen Überlieferungen selbst angelegt? Sind denn dem christlichen Glauben solcher Standortbezug und solche Offenheit wirklich eigen, oder wird ihm hier eine religionspädagogische Konzeption übergestülpt, die gar nicht zu ihm passt?
Diese Klärung, um die es jetzt geht, ist Voraussetzung dafür, um interreligiöse Erziehung als eine Aufgabe des christlichen Glaubens bestimmen zu können. Denn wenn Offenheit füreinander im Christentum – und auch in anderen Religionen – gar nicht angelegt wäre, müssten unsere religionspädagogischen Impulse ins Leere gehen. In diesem Abschnitt geht es also um die Frage, inwiefern christlicher Glaube überhaupt mit anderen Religionen verständigungs- und dialogfähig ist. Und findet Verständigungsbereitschaft von christlicher Seite aus auch in anderen Religionen Resonanz?

Dass der christliche Glaube in allen seinen Konfessionen standortbezogen ist, steht wohl außer Zweifel. Unübersehbar sind die Aussagen der Bibel, die den Gott Israels und Jesu Christi als den einzigen Gott bekennen und vor dem Abfall von ihm und der Zuwendung zu anderen Göttern warnen. Es ist die Botschaft des Propheten Elia im Alten Testament, der sein Volk vor die Alternative zwischen Jahwe, dem Gott Israels und dem Gott Baal stellt. »*Und Elija trat vor das ganze Volk und rief: Wie lange noch schwankt ihr nach zwei Seiten? Wenn Jahwe der wahre Gott ist, dann folgt ihm! Wenn aber Baal es ist, dann folgt diesem!*» (1. Könige 18,21) Und im Neuen Testament mahnt der Apostel Paulus die christliche Gemeinde: »*Zur Freiheit hat uns Christus befreit! Bleibt daher fest und lasst euch nicht von Neuem das Joch der Knechtschaft auflegen!*» (Galater 5,1) – gemeint sind dabei die Forderungen anderer Religionen.

An Aufforderungen, den Standpunkt des eigenen Glaubens entschlossen zu beziehen, ist in der Bibel und der christlichen Tradition sicherlich kein Mangel. Wie aber steht es mit dem anderen Pol, nämlich dem der Offenheit? Hier sind die entsprechenden Aussagen schwerer zu fassen. Wir finden sie, wenn wir – in der hier gebotenen Kürze – einen Weg mitverfolgen, der von dem Alleinvertretungsanspruch des christlichen Glaubens (Exklusivismus) über eine gewisse Öffnung (Inklusivismus) hin zur Dialogbereitschaft mit anderen Religionen führt.

Exklusivismus

Die Position des so genannten Exklusivismus spricht allein dem christlichen Glauben zu, die Beziehung zu Gott und die Beziehung Gottes zu den Menschen letztgültig und unüberbietbar zum Ausdruck zu bringen. »Und *in keinem anderen ist das Heil zu finden. Denn es ist uns Menschen kein anderer Name unter dem Himmel gegeben, durch den wir gerettet werden sollen.«* (Apostelgeschichte 4,12). Das ist gewissermaßen das neutestamentliche Leitmotto, das die theologischen Entwürfe in all ihrer Vielfalt und Vielgestaltigkeit durch die Zeiten hindurch bis in die Gegenwart bestimmt. »*Ich bin der Weg und die Wahrheit und das Leben; niemand kommt zum Vater außer durch mich!*« (Johannes 14,6). So spricht Jesus gemäß den Worten des Johannesevangeliums. Und dieses Motiv hat auch die kirchliche Theologie sehr lange bestimmt: »Außerhalb der Kirche gibt es kein Heil« – das war durch die Jahrhunderte hindurch der Grundsatz der katholischen Kirche. »Allein der Glaube, allein die Schrift, allein Jesus Christus« – das ist das reformatorische Grundbekenntnis Martin Luthers. Und auch ein so weltoffener und kulturzugewandter Theologe des 20. Jahrhunderts wie Paul Tillich stellt fest, dass die Fülle der Offenbarung ein für allemal in Jesus Christus erschienen ist. »Ein für allemal« ist das neutestamentliche Stichwort, das die Erkenntnis des einen Gottes an den Glauben an Jesus Christus bindet.

Die theologische Einschätzung scheint klar zu sein. Aber sie weckt doch allerhand Fragen. Stellen wir uns eine Gesprächsrunde dazu vor:

- Wie passen solche Aussagen zur Aufgabe der Verständigung?
- Gott ist doch der Schöpfer der ganzen Welt. Warum hat er dann so viele Religionen entstehen lassen?
- Die Worte der Bibel sind für mich bindend. Das Bekenntnis zu Jesus Christus ist für mich nicht austauschbar.

- Der eine Gott wird für mich als Christin nicht zugänglich ohne Jesus Christus. Daran möchte ich festhalten.
- Was hat Gott wohl damit im Sinn, dass Menschen in verschiedenen Religionen an ihn glauben?
- Müssen wir die biblischen Aussagen so wörtlich nehmen? Vielleicht haben sie noch eine andere Bedeutung, die uns weiter bringt?
- Als die Bibel geschrieben wurde, gab es ja noch keinen Islam. Der kam doch erst später.

Die theologische Aufgabe ist gestellt: Angesichts der Frage nach der Wahrheit wird der Gegensatz zwischen Standpunkt und Offenheit schier unüberbrückbar. In dieser Hinsicht ist ja die interreligiöse Problematik noch viel brisanter als die interkulturelle. Fremde Speisen kann ich mir schmecken lassen oder nicht, fremde Bräuche finde ich interessant oder langweilig. Und das kann heute so und morgen anders sein. Das sind keine Bekenntnisfragen. Aber mit der Frage nach der Wahrheit des Glaubens ist das anders: Die biblischen Aussagen reiben sich mit unseren Wahrnehmungen, dass Menschen in anderen Religionen auch ernsthaft glauben und wir ihnen die Wahrheit nicht einfach absprechen können. Wie kommen wir hier weiter? Welche Hilfe kann uns die christliche Theologie geben?

Inklusivismus

Eine gewisse Hilfe und ein Zwischenschritt kann die Vorstellung des so genannten Inklusivismus sein. Sie besagt, dass in anderen Religionen unerkannt der christliche Glaube schon am Werk sei. Mitglieder anderer Religionen verkörpern in ihrem Glauben Vieles von dem biblisch-christlichen Glauben an den einen Gott, ohne es zu wissen, in anderer Gestalt, in anderen religiösen Ausdrucksformen. Mit dieser Position kommt zunächst einmal ein hohes Maß an Wertschätzung anderer, fremder Religionen auf. Der eine Gott zeigt sich auch in anderen Religionen. Er muss nicht länger ausschließlich für das Eigene reklamiert werden. Wenn man auch in anderen Religionen ein Ergriffensein vom Unbedingten, Absoluten, Heiligen – wie Paul Tillich es formuliert – finden kann, dann sind sie auch durchpulst von dem, was für eine echte Beziehung zu Gott gilt. Das Fenster zu anderen Religionen hin tut sich auf. Sie sind nicht länger die Negativfolie des christlichen Glaubens, etwa wie: Moslems vertreten den Hl. Krieg, Christen dagegen das Evangelium der Liebe. Der christliche Glaube muss den anderen gegenüber nicht als der bessere, überlegene, richtige herausgestellt werden, sondern das Fremde des anderen öffnet sich für mancherlei Entdeckungen. Gemeinsamkeiten können auf diese Weise gefunden werden, sei es in der Anerkennung der Geschöpflichkeit jedes einzelnen, je besonderen Menschen, im Gebet, in ethischen Forderungen. Weiterhin kann viel davon wiedergefunden werden, was in christlichen Traditionen und Verhaltensweisen offensichtlich verloren ging. Andere Religionen können auf blinde Flecke im christlichen Gesichtsfeld aufmerksam machen. Auseinandersetzung mit den kriegerischen Elementen im Islam etwa macht den Blick frei für die Blutspuren in der Christentumsgeschichte. Der buddhistische Respekt allem Lebendigen gegenüber zeigt, wie lieblos oft Christen mit den Mitgeschöpfen in der Pflanzen- und Tierwelt umgegangen sind und noch umgehen. Überheblichkeit christlicher Positionen kann mit diesem Zugang zu anderen Religionen aufgespürt und kritisiert werden.

Im Neuen Testament tut sich in der Erzählung von Paulus in Athen auch so ein weiter Blick auf (Apostelgeschichte 17, 16ff.). Paulus kommt auf dem Markt mit Anhängern der verschiedenen philosophischen Schulrichtungen ins Gespräch. Es gibt heftige Diskussionen und einige bekommen dabei Interesse, mehr von dieser neuen Lehre zu erfahren. Sie nehmen Paulus mit zum Areopag-Hügel, dem Ort, an dem die Religions- und Bildungsbehörde tagt, und bitten ihn um weitere Erläuterungen. Und Paulus beginnt so: Auf meinen Wegen in eurer großen Stadt habe ich auch eure zahlreichen Tempel bewundert. Ich sehe, dass ihr für die Verehrung von Gottheiten und damit für religiöse Zusammenhänge aufgeschlossen seid. Dabei fiel mir auf, dass einer dieser Tempel dem »unbekannten Gott« geweiht ist. Über diesen Gott, den ihr verehrt, ohne ihn zu kennen, kann ich euch nun Genaueres sagen. Es ist nämlich der Gott, der die ganze Welt gemacht hat mit allem, was in ihr ist. Er ist der Herr des Himmels und der Erde. Wir alle sind seine Kinder. Uns allen ist er ganz nahe. Er ist viel zu groß, um in Tempeln wohnen zu wollen, die Menschen errichtet haben. Aber er hat schon vor langer Zeit Beziehung zu uns Menschen aufgenommen. Und davon kann ich euch eine Menge erzählen. Und dann erzählt Paulus und spannt den Bogen von Abraham und dessen Erfahrungen mit Gott bis hin zu Jesus Christus.

Dieser Zwischenschritt des so genannten Inklusivismus findet auch in der Bibel reichlich Anhaltspunkte. Im Alten Testament gibt es die großartige endzeitliche Vorstellung von der Völkerwallfahrt zum Zion (Jesaja 2, 2–4). Menschen aus vielen Völkern und Religionen beten in Jerusalem im Tempel Gott an – den Gott Israels, aber mit ihrer Frömmigkeit und ihren religiösen Vorstellungen und mitgebrachten Traditionen. Das ist doch ein großartiges Bild dafür, dass von Gottes Sicht her viel mehr zusammenpassen kann, als wir es mit unseren begrenzten Verstehensmöglichkeiten erfassen können. Am Ende der Zeit wird sich dieser Blick auftun, jetzt leben wir noch in den Gegensätzen, über die wir mit unserem Vorstellungsvermögen nicht hinaus kommen. Wir können dieses Ziel nicht vorwegnehmen, aber wir können von ihm her die anderen Religionen schon in dem Licht der Zugehörigkeit zu dem einen Gott zu sehen versuchen.

Auch in anderen Religionen ist also Gott schon da und unerkannt am Wirken, meint Paulus in seiner Rede an die Athener – auch da, wo wir es angesichts der bestehenden Unterschiede und Gegensätze noch gar nicht wahrhaben können oder wollen. Es lohnt sich, in der Bibel gerade aus interreligiöser Sicht solchen Geschichten besonderes Augenmerk zu schenken, in denen Menschen, die nicht an den einen Gott Israels glauben, mit großer Wertschätzung und Hochachtung ihrer religiösen Einstellung und menschlichen Haltung vorgestellt werden.

Zwei biblische Nacherzählungen

Der Hauptmann von Kafarnaum (Matthäus 8)

Den ganzen Tag sind die Jünger mit Jesus gewandert und haben miterlebt, wie er zu den Menschen sprach, ihnen Mut machte und Kranken neue Lebenskraft gab. »Jetzt sind wir gleich in Kafarnaum«, sagt Andreas zu Philippus. »Ich freue mich schon auf den Feierabend. Dann sind wir endlich wieder einmal unter uns. Wir können es uns gemütlich machen und ungestört miteinander und mit Jesus reden.« – »Wie Jesus das nur aushält?«, meint Philippus. »Den ganzen Tag die vielen Menschen und die vielen Fragen an Jesus: Bist du wirklich der Bote von Gott, auf den wir warten? Kannst du uns helfen? Und geduldig erklärt es Jesus immer wieder. Manchmal könnte ich die Leute anschreien und sagen: Schaut doch in den alten Schriften nach, da steht es drin! Fragt doch nicht so viel! Wir haben auch nicht so viel gefragt, sondern sind mit ihm mitgegangen!« – »Ja, aber« meint Taddäus dazwischen, »ein bisschen unsicher waren wir am Anfang auch. Aber jetzt haben wir schon so viel mit Jesus erlebt. Es ist so wunderbar, was Jesus immer wieder von Gott erzählt und wie er den Menschen hilft. Wir wissen, dass es stimmt. Jeden Tag erleben wir

Neues mit ihm!« – »Aber für heute ist es wirklich genug«, sagt Andreas. »Mir reicht es mit den vielen Menschen!«
Inzwischen sind sie am Stadttor von Kafarnaum angekommen. Da tritt zögernd ein Mann auf Jesus zu. »Was will denn der?«, fragt Andreas. »Das ist doch ein römischer Soldat, ein Hauptmann. Will der uns Schwierigkeiten machen?« – »Aber er kommt ohne Waffen«, meint Philippus. »Er streckt die Hände vor – es sieht so aus, als ob er Jesus um etwas bitten möchte!« – »Ach, das ist ein Ausländer«, sagt Andreas, »der geht uns gar nichts an. Der gehört nicht zu unserem Volk!« – »Der glaubt auch gar nicht an Gott«, ergänzt Taddäus, »und der kann erst recht nicht wissen, dass Jesus der Bote Gottes ist!« »Hoffentlich schickt Jesus ihn gleich wieder weg!«, meint Andreas.

Aber Jesus bleibt stehen, der römische Soldat auch, grüßt ihn und sagt: »Meister, mein Knecht ist sehr krank, und du kannst ihm helfen!« Andreas flüstert: »Das bildet der sich wohl ein! Nichts von unserem Glauben wissen, aber einfach von Jesus verlangen, dass er ihm hilft!« Doch Jesus antwortet dem Hauptmann: »Ich könnte ja mit dir in dein Haus gehen.« Andreas zischt leise: »Nein, wir haben jetzt Feierabend. Jetzt sind wir dran. Jetzt haben wir ein Recht auf Jesus. Jetzt gehört er uns.« Der Hauptmann zögert ein bisschen, dann sagt er: »Du brauchst gar nicht in mein Haus zu kommen. Wenn du sagst, dass du meinem Knecht hilfst, damit er wieder gesund wird, dann genügt mir das. Ich verlasse mich auf dein Wort!«
Die Jünger haben aufmerksam zugehört und sind sprachlos vor Erstaunen: So viel Vertrauen auf Jesus. Und das bei einem Ausländer, der die jüdischen Schriften gar nicht kennt, und von dem man nicht weiß, ob er überhaupt an Gott glaubt. Auch Jesus fragt erstaunt zurück: »So großes Vertrauen hast du zu mir?« – »Ja«, antwortet der Hauptmann, »ich bin kein Schriftgelehrter und weiß auch nicht viel über euren Gott. Aber ich kenne meinen Beruf. Und wenn ich meinen Soldaten befehle, dann tun sie es. Da kann ich mich voll und ganz darauf verlassen. Was ich sage, das geschieht auch. Ich habe von dir gehört. Die Leute erzählen viel von dem, was du tust und dass du ihnen hilfst. Und ich verlasse mich auf dein Wort!« Jesus antwortet ihm: »Gehe in Frieden nach Hause, dein Knecht wird durch Gottes Hilfe gesund werden!« Da bedankt sich der römische Soldat bei Jesus und geht.

»Hast du das gehört?«, fragt Andreas ganz verwundert die anderen Jünger. »Ein Ausländer, der unsere Schriften nicht kennt und kaum etwas von Gott weiß – und der so großes Vertrauen zu Jesus hat!« – »Ja«, meint Jesus da-

rauf, »so einen großen Glauben habe ich bei meinen Landsleuten bisher nicht gefunden! Das muss uns doch allerhand zu denken geben!« Die Jünger haben noch im Ohr, was sie vorher über den Hauptmann gesagt haben und schweigen betreten. Dann sagt Taddäus: »Ich habe doch gesagt, dass wir jeden Tag Neues mit Jesus erleben. Neues über Gott und auch Neues über die Menschen!« – »Und viel zum Nachdenken«, ergänzt Andreas.

Die Sterndeuter aus dem Morgenland (Matthäus 2)

In einem Land, weit entfernt von Jerusalem und Betlehem, betrachten ein paar Männer, die sich gut mit den Sternen auskennen, aufmerksam den Himmel. – Da ist er wieder, der helle, leuchtende Punkt am Himmel. Ja, das muss etwas Besonderes sein. Schon seit einigen Tagen beobachten sie diesen leuchtenden Punkt, der früher nicht da war. Ein paar Minuten später sitzen sie in ihrer Studierstube zusammen und lesen aufmerksam in großen Papierblättern. Auf den einen sind Sterne des Himmels eingezeichnet, andere enthalten Erklärungen. »So wie es aussieht«, meint einer der Gelehrten, »enthält dieser leuchtende Stern eine wichtige Botschaft für uns.« – »Ja, das glauben wir auch«, pflichten ihm die anderen bei. »Meine Nachforschungen haben ergeben«, fährt der Gelehrte fort, »dass es sich um die Sterne Jupiter und Saturn handeln muss. Sie sind ganz eng zusammen gerückt. Das kommt ganz, ganz selten vor und weist auf ein wichtiges Ereignis in der Weltgeschichte hin.« – »Auf welches denn?«, fragen die anderen neugierig. »Jupiter ist der Königsstern, das wisst ihr doch. Und Saturn ist der Stern der Juden. Wenn beide so eng beieinander stehen wie jetzt, dass man sie gar nicht mehr voneinander unterscheiden kann, dann heißt das wohl, dass im Land der Juden ein bedeutender König geboren wird.« – »Bist du dir sicher?«, fragen die anderen. »Wenn unsere Aufzeichnungen stimmen, dann bin ich mir ganz sicher!« – »Wenn es so selten ist, dass die beiden Sterne wie ein Stern leuchten,« meint der erste, dann muss das wirklich ein ganz besonderer König sein, ein außergewöhnliches Kind!«

Nach ein paar Tagen treffen sich die Sternenbeobachter wieder und überlegen gemeinsam, wie sie mehr über den neugeborenen König erfahren könnten. »Wenn wir in nächster Zeit die Kamelkarawanen aus dem Land Juda befragen«, meint der eine, »dann hören wir vielleicht etwas von einem neugeborenen Königskind.« – »Besser wäre es, selbst dort-

hin zu reisen«, meint ein anderer nachdenklich. Und so entschließen sie sich, den weiten Weg auf sich zu nehmen und nach Jerusalem, in die Hauptstadt der Juden zu reisen. Die nächsten Tage sind von den Reisevorbereitungen bestimmt. Kleider für die Reise werden eingepackt und auch die festlichen für den Besuch im Königspalast. Viel zum Essen und Wasser in Schläuchen muss mitgenommen werden. Die Sterndeuter überlegen auch, welche Geschenke sie dem Königskind mitbringen könnten. »Natürlich muss es etwas aus Gold sein!«, sagt der erste. »Und was noch dazu?«, fragen die anderen. »Wir sind ja zu dritt, da brauchen wir drei Geschenke!« – »Ich denke an den kostbarsten Weihrauch, den es gibt«, sagt der zweite. Das ist für ein Königskind genau das Richtige.« – »Und ich nehme Myrrhe«, sagt der dritte. »Ich meine natürlich die ganz wertvolle Spezialität aus unserem Land, die auch eine gute Medizin ist für alle möglichen Krankheiten. Mit ihr wünsche ich dem Königskind Gesundheit und viel Glück.« Die Geschenke werden besorgt und sorgfältig eingepackt. Dann ist es so weit und die kleine Karawane zieht los.

Viele Tage und Nächte sind sie unterwegs, aber dann haben sie endlich die große Stadt Jerusalem erreicht. Die Menschen auf den Straßen schauen sie mit großen Augen an, und die Sterndeuter hören, wie sie miteinander tuscheln: »Was sind denn das für komische Leute? Wo kommen die denn her? Solche haben wir hier noch nie gesehen!« Bald sind sie beim Königspalast angekommen und melden sich zum Besuch beim neugeborenen König an. Sie werden freundlich begrüßt und bewirtet und dann zum König Herodes geführt. »Ihr wollt ein neugeborenes Königskind besuchen?«, fragt er. »Da muss ich euch leider enttäuschen. Bei uns hier gibt es keines!« Die drei Freunde schauen sich verwundert an. »Und die Königin erwartet kein Kind?«, fragen sie unsicher. »Nein«, antwortet der König. »Wie seid ihr überhaupt auf diese Idee gekommen?« Da erzählen sie ihm von ihren Sternbeobachtungen und was sie in ihren Schriften dazu gelesen haben. Der König hört aufmerksam zu und wirkt dabei sehr angespannt und unruhig. »Jetzt werde ich erst einmal unsere Gelehrten fragen«, sagt er dann. »Ich will hören, was sie dazu meinen.« Nach einer Weile erscheinen alte, ehrwürdige Männer mit Schriftrollen, lesen, prüfen, und dann sagt einer: »Hier steht etwas davon, dass in Betlehem der neue König geboren wird.« – »So«, sagt der König, »aber Betlehem ist doch nur ein kleines Dorf! Das kann doch wohl nicht gemeint sein! Da wird doch heutzutage kein König geboren!« Die Gelehrten nicken zustimmend, und der König wirkt erleichtert.

»Und wo liegt Betlehem?«, fragt einer der Sterndeuter höflich. »Dort« sagen die jüdischen Gelehrten und weisen mit dem Arm in die Richtung. »Wenn ihr dort wirklich etwas finden solltet, das wie ein Königskind aussieht, dann könnt ihr ja zurück kommen und es uns sagen,« meint der König. »Dann können wir auch hingehen und dem Königskind huldigen. Aber es wäre wohl das erste Mal, dass Ausländer über unser Land und über Gottes Pläne mit uns besser Bescheid wissen als unsere Schriftgelehrten!« Die jüdischen Gelehrten lächeln, und unsere Sterndeuter können den Spott in ihren Augen lesen.

Bald darauf verabschieden sie sich und machen sich wieder auf den Weg. Vor der Stadt bleiben sie stehen und beraten sich. »Jetzt können wir also wieder heimwärts reiten«, meint der eine. Aber er zögert. Und der andere sagt: »Ich spüre es, dass an der Sache etwas dran ist. Ich meine das mit dem Dorf Betlehem. Wir haben unseren Schriften getraut und sind hierher gereist. Warum sollten wir nicht den Schriften der Juden Glauben schenken und nach Betlehem reisen?« – »Und uns von den Dorfbewohnern dumm anschauen und uns vielleicht sogar bestehlen lassen?«, wendet der dritte ein. »Lasst uns dorthin ziehen«, meint der erste. »Ich glaube, in Betlehem wartet auf uns eine Überraschung!« – »Na gut,« meint der dritte, und so ziehen sie los. Betlehem ist wirklich nur ein kleines Dorf, und die drei sind enttäuscht. Sie reiten durch das Dorf hindurch und wieder hinaus, schauen aufmerksam um sich, bleiben dann ratlos stehen.

Da leuchtet auf einmal wieder ihr Stern vor ihnen am Himmel, genau über einem alten Schuppen, der da ganz alleine steht. Alle drei spüren auf einmal ganz deutlich, dass sie hier am Ziel ihrer Reise sind. Sie machen vorsichtig die Tür auf. Ein Kind liegt da, ganz ärmlich in Lumpen eingewickelt. Sie erkennen auch eine Frau und einen Mann, das sind wohl die Eltern. Und auch Tiere sind im Raum. »In Betlehem wird der neue König geboren«, murmeln sie alle drei. Sie knien nieder und erweisen ihm die Ehre, begrüßen die Eltern und überreichen ihnen ihre Geschenke.

Dialog

Auch die Position des biblisch-christlichen Inklusivismus löst noch nicht alle Probleme, denen wir vorhin angesichts des Exklusivismus begegnet sind. Deshalb kann er nur ein Zwischenschritt auf dem Weg zu einem angemessenen Umgang mit den Wahrheitsansprüchen verschiedener Religionen sein.

Denn werden hier andere Religionen nicht doch wieder biblisch-christlich vereinnahmt, gegebenenfalls sogar gegen deren eigenen Willen? Bleibt das nicht trotz allen Interesses an fremden Religionen ein christlicher Herrschaftsanspruch, der den anderen ein christliches Ziel unterschiebt, von dem sie angeblich selbst noch gar nichts wissen? Und was ist, wenn die anderen solche Ansprüche auf einverleibende Gemeinsamkeit zurückweisen, wenn etwa der Islam *seinen* Absolutheitsanspruch auch gegenüber dem Christentum verdeutlicht? Besteht nicht die Gefahr, dass neben, hinter, unter dem ehrlichen Interesse an anderen Religionen exklusives christliches Wahrheitsverständnis in verdeckter Weise ungebrochen weiterlebt?

Wir müssen deshalb noch einen Schritt weiter gehen. Es ist der schwierige Schritt, über den eigenen Standpunkt hinaus zu blicken, ihn zwischendurch zu verlassen. Das ist notwendig, um ihn mit den Augen des anderen sehen zu lernen, und dann mit neuem Blick auch wieder zum eigenen Standort zurückzukehren. Hilfreich könnte hier die von H. G. Ziebertz vorgenommene Unterscheidung zwischen der Es-, Ich- und Du-Perspektive sein.

- Die *Es-Perspektive* wäre der oben (▶ S. 39 f.) beschriebene Verzicht auf eine eigene Position. Hier sind religiöse Elemente beliebig wählbare Dinge, die man für sich nutzen kann, solange es einem gefällt, um sie später zugunsten anderer wieder wegzulegen.
- Die *Ich-Perspektive* meint die Haltung, die zwar Anderes in den Blick nimmt, aber den eigenen Standpunkt nicht verlässt, sich also nicht bewegen lässt. Zu ihr gehört der Exklusivismus, der mit der Behauptung des eigenen Wahrheitsanspruchs den der anderen für ungültig erklärt. Dazu gehört aber auch der Inklusivismus, der Anderes wohlwollend betrachtet, es aber letztlich doch dem eigenen Wahrheitsanspruch einverleibt. Entsprechendes gilt auch für das Lernen von anderen, um die eigene religiöse Position zu bereichern – etwa wenn aus östlichen Meditationserfahrungen Elemente in den christlichen Glauben übernommen, gleichsam »eingebaut« werden. All das ist gut und wichtig, aber bleibt letztlich doch noch beim Eigenen stehen.
- Die *Du-Perspektive* einzunehmen, das ist der entscheidende Schritt zum Dialog. Es bedeutet, sich in die Sichtweise des anderen hineinzuversetzen, samt dem Wahrheitsanspruch, der mit ihr verbunden ist. Von dort aus gilt es neu das Eigene zu sehen, gewissermaßen als das »Du« des anderen, um sodann wieder zum Eigenen zurückzukehren und zu versuchen, alle diese Sichtweisen in ihrer Gleichzeitigkeit auszuhalten.

Schauen wir uns die einzelnen Dialog-Schritte dieser »Du-Perspektive« noch etwas genauer an:

In den Schuhen des anderen gehen

Der *erste Schritt* meint, ein Stück weit »mit den Schuhen des anderen« zu gehen, mit den Augen des anderen zu sehen. Dabei gibt es sicherlich viele Entdeckungen zu machen. So kann verständlich werden, wie die anderen Religionen sich aus ihren Ursprüngen entwickelt haben, wie sie eingebunden sind in kulturelle Zusammenhänge und wie ihr Anspruch auf Gültigkeit und Wahrheit aus ihren Inhalten erwächst. Dieser Schritt hat aber auch seine Grenzen. Sie tauchen auf, wenn mir bewusst wird, dass ich in einer ganz anderen religiösen Welt lebe, zu Vielem nur mühsam oder gar nicht Zugang finden kann. Werde ich die Koranfrömmigkeit von Muslimen oder das Stehenlassen von Gegensätzen im fernöstlichen Denken je verstehen können? Dialog heißt auch, sich den Grenzen des Verstehens zu stellen und zuzulassen, dass sich Anderes auch meinen Vorstellungsmöglichkeiten entzieht, dass es sich nicht in das Gehäuse meiner Gedanken einfangen lässt. Das Gegenüber darf sich auch immer wieder als das sperrige, unzugängliche erweisen. Das muss aber nicht bedeuten, die Beschäftigung mit dem Anderen resigniert aufzugeben. Sondern es heißt, das Bedürfnis nach erklärenden Antworten zugunsten eines beharrlichen Weiterfragens zurückzudrängen. Es gilt mehr in Annäherungen zu denken und zu arbeiten als in zielstrebigen Lösungsversuchen. Es geht mehr um Tastversuche als um Zugriffe. Dialog kann nur entstehen, wenn auch »Räume da sind für Nicht-Verstehen, Missverstehen, für Undeutliches, Verschwommenes, Schwankendes« (D. Zilleßen).

In den Schuhen des Islam wandern

Ich versuche mich in diesem Sinne in islamische Denkweisen hinein zu versetzen und von dort aus einen neuen Blick auf den eigenen Glauben zu gewinnen:

Mir wird bewusst, wie sehr im Islam die Einzigkeit und auch Unnahbarkeit Gottes das Reden von Gott bestimmen. Gott entzieht sich konsequent unseren menschlichen Vorstellungen, bleibt ohne Einschränkungen unergründbar und geheimnisvoll. Das ist konsequenter Monotheismus, und dem entspricht im Islam die in großem Ernst alltäglich vollzogene Verehrung dieses einen Gottes. Das Glaubensbekenntnis ist so kurz und bündig, es kann nicht oft genug gesprochen werden (▶ S. 148). Ich lerne verstehen, dass Muslime besonders sorgsam darauf achten, dass die Jenseitigkeit Gottes nicht angetastet und durch menschliche Einflüsse verfälscht wird. Der Koran ist ganz unmittelbar Gottes Wort, direkt vom Himmel dem Propheten eingegeben. Die Vorstellung, dass Gottes Wort im Menschenwort zeitbedingt erscheint und erst durch Gottes Geist in je neuer Auslegung lebendig wird, muss Muslimen sehr fremd sein; und noch mehr, dass in Jesus Gott selbst sich zu erkennen gegeben, verkörpert hat, sichtbar geworden ist. Einen Sohn Gottes kann und darf es nach den Vorstellungen des Islam nicht geben. Ich kann dann besser sehen, mit welch großem Respekt im Koran von Jesus gesprochen wird, wie ihm im Zusammenhang der biblischen Propheten ein herausgehobener Platz zugewiesen wird. Ist es verwunderlich, dass die Dreieinigkeit Gottes in muslimischen Ohren Vielgötterei und Abfall vom Bekenntnis zu dem einen Gott bedeutet? Für Christen ist es doch schon so schwierig, die Einzigkeit Gottes mit Gott Vater, Gott Sohn und Gott Heiligem Geist zusammen zu bringen.

Ich lerne den Islam als eine unkomplizierte Religion kennen. Gottes Barmherzigkeit zeigt sich darin, dass er die Menschen mit seinen Weisungen sicher leitet und ihnen nur das auferlegt, was sie zum Wohle aller auch erfüllen können. Da gibt es keine Erbsündenlehre, die den Menschen erlösungsbedürftig macht und ihn immer wieder hinter dem zurückbleiben lässt, was von ihm gefordert wird. Da sind keine Sakramente nötig, die einem die Sündenvergebung zusprechen. Ich lerne verstehen, dass die Drohungen mit Gottes Strafe sich auf die Verweigerung dieses Einfachen, Selbstverständlichen, Einleuchtenden im Miteinander beziehen. Islamische Religiosität ist Alltagsfrömmigkeit, ist ethische Religiosität, lebt im aufmerksamen Umgang miteinander. So ist es auch verständlich, dass im Islam der Zusammenhang von Religion und Gesellschaft viel enger ist als im Christentum. Das Zusammenleben aller soll sich nach den Weisungen richten, die Gott in seiner Barmherzigkeit im Koran den Menschen gegeben hat.

Ich höre und lese, dass Mohammed als letzter und entscheidender Prophet gilt. Er ist das »Siegel der Propheten«. Und ich entdecke, wie im Koran in diesem Sinne Aussagen der Bibel aufgenommen werden. Den Hauptpersonen des Alten und Neuen Testaments wird schon das in den Mund gelegt, was Mohammed als Offenbarung Gottes verkündet hat. Da drückt sich Absolutheitsanspruch aus. Aber sind wir Christen mit dem Alten Testament, der Hebräischen Bibel, nicht genauso umgegangen? Wurde nicht auch dort Vieles auf Jesus als der letzten Offenbarung Gottes bezogen? Kann ich nur dem Islam vorwerfen, dass Urkunden anderer Religionen einseitig ausgelegt werden, um die Allgemeingültigkeit des eigenen Glaubens zu vertreten?

Ähnlich verhält es sich mit der Sicht des Islam als einer kriegerischen Religion, die in der Gegenwart so sehr durch muslimische Fundamentalisten bestärkt wird. Es gibt auch viele Beispiele für das friedliche Zusammenleben von Muslimen und Christen in islamischen Ländern. Und ich lerne verstehen, dass umgekehrt die Kreuzzüge des Mittelalters für viele das Bild eines kriegerischen Christentums ausgebildet haben.

Ich gestehe mir ein, wie sehr mir die islamische Frömmigkeit fremd ist, die Praxis des rituellen Gebets mit seinen genauen Vorschriften, das Festhalten an dem, was zur Zeit Mohammeds galt, die Verwurzelung in patriarchalischen Lebens- und Familienordnungen. Und ich versuche mir vorzustellen, wie das umgekehrt mit unserer christlichen Frömmigkeit und ihren Bräuchen für Muslime gelten mag, von den Kirchtürmen und ihren Glocken bis zu den christlichen Liedern und Festen. Und sollten wir Christen den Absolutheitsanspruch des christlichen Glaubens nicht daraufhin befragen, ob es wirklich so gedacht ist, dass er nur die uns vertrauten christlichen Überlieferungen samt ihren kulturellen Ausprägungen gelten lässt und das Recht der Muslime auf die Wahrheit ihrer religiösen Tradition zurückweist?

Das Eigene wieder in den Blick nehmen
Damit geht der Blick zurück zum Eigenen, und es kann deutlich werden, wie auch das seine Entstehungsgeschichte hat, sich im Zusammenhang bestimmter Lebenssituationen von Menschen und kulturellen Bedingungen entwickelte. Biblische Aussagen können so in einem ganz neuen Licht erscheinen. Sie müssen nicht mehr als allgemeingültige und zeitlose Wahrheiten verstanden werden, sondern können als Wahrheiten gesehen werden, mit denen Menschen in ganz bestimmten Situationen ihr Leben und ihren Glauben gestalteten. Sie erscheinen als Bekenntnisse und als Lobpreis Gottes, die in eine bestimmte Zeit hinein gesprochen wurden, und die auch später immer wieder in konkreten Lebenssituationen ihre Aussagekraft entfalteten. Der Satz »Ich bin der Weg, die Wahrheit und das Leben« (Joh.14, 6) könnte dann etwa heißen: Christen, denen zur Zeit der Entstehung des Johannesevangeliums eine philosophische Erlösungslehre verlockend erschien, die ohne

den Menschen Jesus auskam, wurde ins Stammbuch geschrieben: Es gibt für Christen keinen Weg zu Gott ohne das Bekenntnis zu dem irdischen und auferstandenen Jesus Christus. Und das gilt in entsprechender Weise auch heute.

Der Theologe Karl-Josef Kuschel[2] hat solchen Situationsbezug des christlichen Bekenntnisses am Christushymnus aus Kolosser 1 verdeutlicht. In der Zeit der Verfolgung formuliert die Gemeinde ihr Bekenntnis zu Jesus Christus in atemberaubender Weite: *Denn in ihm (Christus) wurde alles erschaffen was im Himmel und auf Erden ist, das Sichtbare und das Unsichtbare, Throne und Herrschaften, Mächte und Gewalten; alles ist durch ihn und auf ihn hin geschaffen. Er ist vor aller Schöpfung, in ihm hat alles Bestand. (Kolosser 1,16f.)* Diese universale Weite stellt die Gemeinde den anderen, alltäglichen, bedrückenden Erfahrungen des klein gemacht Werdens entgegen. Sie sucht in diesem Bekenntnis und diesem weit öffnenden Lobpreis Trost, Zuspruch, Hoffnung, Perspektive. Diese Aufgabe der Vergewisserung im eigenen Glauben, diese Dynamik zwischen dem bedrohten eigenen Standort und hoffnungsvoller Weite darf vom Text des Bekenntnisses nicht abgelöst werden, ohne seinen Sinn zu verfälschen. Es gilt also, Aussagen unseres christlichen Glaubens immer wieder in ihrem Ursprung zu verorten, nämlich als Bekenntnisaussagen, in denen Menschen mit großem Anspruch festmachen, was ihnen Glaube in der Situation, in der sie leben, bedeutet. Es gilt also den je zeitgebundenen Standort der biblischen Autoren zu sehen, von dem aus Zuversicht und Hoffnung ihre Kreise ziehen. Damit bekommen auch andere Überlieferungen Raum, in denen Vergleichbares geschieht.

Mit Widersprüchen und ungelösten Fragen leben lernen

Der dritte Schritt bedeutet, im eigenen Standpunkt das Gegensätzliche des anderen mitzusehen und auszuhalten. Zusammenhänge der eigenen Glaubensvorstellungen können deutlicher werden, aber auch Widersprüche und ungelöste Fragen. Manches über den eigenen Glauben kann vielleicht nicht mehr so »vollmundig« formuliert werden, manche Vorurteile und Abgrenzungen den anderen gegenüber müssen fallen. Dialog mit anderen ist immer auch ein Wagnis, das zeitweise den eigenen Glauben in Frage

2 Kuschel, Karl-Josef: Christologie und Interreligiöser Dialog, in: Ven, van der, Johannes A. und Ziebertz, Hans-Georg: Religiöser Pluralismus und interreligiöses Lernen, a.a.O. S.98ff.

stellen kann. Dabei ist auch mit Verunsicherungen und Verwundungen zu rechnen, denn es geht um das, was uns trägt, von dem wir Antworten auf die Frage nach dem Sinn unseres eigenen Lebens und unserer Welt erwarten. Auch der Streit um die Wahrheit gehört dazu, aber wir können und müssen solche Auseinandersetzung nicht zu einer befriedigenden Lösung bringen. Die Gegensätze müssen nicht aufgegeben oder wegretuschiert werden, sondern sie dürfen bestehen bleiben auch in ihrer Widersprüchlichkeit. Zum Glauben und zu Gott gehört auch das Unzugängliche, das sich unserem erklärenden und ordnenden Zugriff entzieht, das letztlich Geheimnis bleibt. Trotzdem bleibt das Recht auf den eigenen Standpunkt. Gegenüber der Es-Perspektive (»Im Grunde glauben wir doch alle dasselbe«) und der unbeweglich sich behauptenden Ich-Perspektive (»Nur im eigenen Glauben liegt die Wahrheit«) liegt der dialogische Weg der »Du-Perspektive«. Er ist sicherlich der anstrengendste, aber wohl auch der notwendigste.

Mit meinen Widersprüchen und ungelösten Fragen in Bezug auf den Islam leben

Ich nehme die im ersten Schritt vollzogenen Wahrnehmungen am Islam wieder auf und führe sie in diesem dritten Schritt weiter:
Ich möchte gerne an meinem christlichen Glauben festhalten, dass Gott uns Menschen sehr nahe kommt, in Jesus so viel von sich unwiderruflich zu erkennen gegeben hat und auch als Gottes Geist in uns selbst wirkt. Das gibt der Beziehung zu Gott Dichte und Intensität. Ich möchte festhalten, dass Gott in und durch uns Menschen wirkt – und damit auch seiner Allmacht Grenzen setzt. Ich stelle mir die Beziehung zu Gott gerne in gewisser Analogie zu menschlichen Beziehungen vor. Aber ich sehe auch die Gefahren und Grenzen, auf die mich der Islam aufmerksam macht: Wenn jeder sich seinen eigenen Gott »zusammenbastelt« und nur das gelten lässt, was einem gerade nützlich erscheint; wenn Gott so sehr in unsere Welt eingeht, dass er in ihr verschwindet, überall ist und auch nirgends und man deshalb genauso gut auch ohne Gott leben kann; wenn jeder die Bibel auslegen und für sich zurechtlegen kann, wie es ihm gerade passt.
Mir ist nach wie vor wichtig, dass Gott uns Menschen gerade in unserer Unzulänglichkeit und Fehlerhaftigkeit annimmt. Ich brauche da mehr als eine ethische Richtlinie. Deshalb schätze ich die Zuwendung Gottes in seinen Segenszeichen, in den Sakramenten. Es tut gut, so immer wieder Gottes ermutigenden Zuspruch zu hören und zu spüren. Aber

ich bin vom Islam her auch sensibler für Missbrauch, etwa wenn Sakramente als Besitz der Kirche verstanden werden, die sie »verwaltet«; wenn diese Segenszeichen folgenlos bleiben, wenn sie nur noch als äußere Zeichen und Gesten und ohne Verpflichtung ihrem Geber gegenüber »mitgenommen« werden, wie es doch in der Taufpraxis weithin geschieht; oder wenn nur vom »lieben« Gott gesprochen wird und die herausfordernden dunklen und unverständlichen Seiten Gottes gar nicht mehr in den Blick treten; wenn christlicher Glaube und persönliche ethische Lebensführung, Gottesdienst und Alltag auseinander klaffen.

Ich schätze am christlichen Glauben, dass ich selbst als Individuum dazu herausgefordert bin, diesem Glauben eine Gestalt zu geben, die zu mir passt. Mir ist wichtig, dass ich nicht nur mit- und nachvollziehe, was andere tun, sondern dass Glaube auf meine eigene, persönliche Einstellung und Haltung und auch auf mein eigenes Denken zielt. Aber die Grenze erkenne ich angesichts der öffentlichen Wirksamkeit des Islam dort, wo der Gemeinschaftsbezug verloren zu gehen droht, den der Glaube doch auch braucht, wo Glaube zu etwas ganz Privatem wird, der in der Öffentlichkeit und für das Zusammenleben keine Rolle spielt – bis dahin, dass man es als peinlich empfindet, darüber zu sprechen.

Ich entdecke in den nebeneinander bestehenden Wahrheitsansprüchen von Christentum und Islam die Aufgabe, dem Glauben an Jesus Christus einen Wahrheitsanspruch zuzuerkennen, der nicht nur für mich selbst gilt. Mein Glaube macht Züge an Gott sichtbar, die ich im Islam zu wenig finde und die ich nicht für beliebig halten kann. Und ich lerne, dass ich mit den christlichen Überlieferungen in diese Wahrheitssuche hinein gewachsen bin – und nun dasselbe auch Mitgliedern anderer Religionen zugestehen sollte. Ich nehme wahr, dass der eigene Weg auch viele Fragen offen lässt, die andere von ihrer religiösen Ausrichtung her nicht haben. Ich möchte aber auch, dass andere Entsprechendes bei ihrer Religion zu sehen versuchen, damit wirklich ein Miteinander trotz der religiösen Verschiedenheit und damit Dialog entstehen kann.

Zum Weiterlesen:

Leimgruber, Stephan: Interreligiöses Lernen, München 1994.

Kapitel 4
Schritte auf dem Weg der interreligiösen Erziehung

Nach den Überlegungen zum theologischen Dialog zwischen den Religionen wenden wir uns wieder der Frage zu, wie interreligiöse Begegnung im Alltag der Kindertagesstätte geschehen kann.

Miteinander leben

In diesem Abschnitt geht es um Anstöße zum Nachdenken darüber, wie im alltäglichen Miteinander bewusst werden kann, dass in der Einrichtung Kinder aus verschiedenen Religionen zusammenleben.

Räume

Wer sich lange in bestimmten Räumen aufhält, nimmt Auffälliges meist gar nicht mehr wahr. Deshalb wandern wir mit folgender Frage und mit neuem Blick durch die Räume unseres Hauses: Wird in unserer Einrichtung sichtbar, dass hier auch Kinder aus anderen Religionen leben? Wie sieht das Ergebnis aus? Was könnte, bzw. sollte geschehen, damit die Räume Hinweise darauf geben?[3]

- Oft sind auf Plakaten die Fotos der Kinder angeordnet, die in der Gruppe leben. Könnte dies mit Blick auf ihre kulturelle und religiöse Heimat ergänzt werden? Was spricht dafür, was dagegen?
- Könnte ein Wandbehang für den Eingangsbereich gestaltet werden, auf dem Symbole der verschiedenen Religionen, die in der Einrichtung vertreten sind, zu erkennen sind? Die Gestaltung solch eines Raumschmucks regt weitere Fragen an:
- Was sind denn eigentlich zentrale Symbole des christlichen Glaubens? Sie könnten sich auf Jesu Weg von der Krippe bis zum Kreuz und zur Auferstehung beziehen. Oder auf die Taufe als Zeichen der Zu-

[3] Anregungen dazu im Heft: Politik für Kinder VIII: Muslimische Kinder in evangelischen Tageseinrichtungen für Kinder des Rheinischen Verbands Evangelischer Tageseinrichtungen für Kinder e.V.. Düsseldorf, Januar 2000.

gehörigkeit zum christlichen Glauben, oder …

- Welche Symbole kennzeichnen die anderen Religionen? Zur Darstellung des Islam bieten sich Worte des Koran in arabischer Schrift an, oder der Halbmond. Für den Hinduismus wäre ein Götterbild oder der Kreis der Wiedergeburten denkbar, für den Buddhismus etwa die Lotosblume als Symbol der Erleuchtung oder für die chinesische Tradition das Yin- und Yang-Zeichen als das Symbol für das Zusammenwirken der Gegensätze. Welche Personen aus anderen Religionen könnten beim Entwerfen und Gestalten solch eines Behangs mitwirken?
- Welche Botschaft soll von solch einem Wandschmuck ausgehen? Soll er nur das religiöse Vielerlei ausdrücken? Oder könnte auch die religiöse Grundposition der Einrichtung deutlich werden (▶ S. 58)? Wie kann dann das Verhältnis zu der vor allem bei einer kirchlichen Einrichtung gegebenen christlichen Orientierung sichtbar gemacht werden? Könnte solch ein visuelles Signal also etwas von der interreligiösen Konzeption der Einrichtung verdeutlichen?
- In einer Kindertagesstätte zeigen Fähnchen mit den Landesfarben bzw. einer Landkarte die Herkunft der Kinder an. Sollten dazu auch Fähnchen mit religiösen Symbolen kommen?
- Weist das Spielzeug in der Gruppe, z.B. Puppen, auf die Herkunft der Kinder aus verschiedenen Kulturen hin? Können sich die Kinder in manchen Puppen auch selbst wiederfinden? Sind in der Kleidertruhe, aus der sich die Kinder etwas zum Verkleiden holen, auch Kleider aus anderen kulturellen Traditionen?
- Gibt es Bilder, Spiele, Musikkassetten aus anderen Kulturen, in denen Kinder zu Hause sind? Gibt es zweisprachige Bilderbücher zum Vorlesen?
- Könnten in einer Ecke Gegenstände der religiösen Praxis sichtbar und greifbar sein, über deren Bedeutung die Kinder schon etwas erfahren haben? Welche könnten das sein? Dürfen sie nur angesehen oder darf mit ihnen auch gespielt werden?
- Ist an einem zentralen Ort ein Festkalender, der über die Hauptfeste der vertretenen Religionen im Jahresverlauf informiert? (Genaueres zu den Festen ▶ S. 94).

Sprache

Zum alltäglichen Umgang in der Kindertagesstätte gehört wesentlich die sprachliche Kommunikation. Auch sie ist ein Beispiel für die Spannung, die ausgehalten werden muss: zwischen dem Angewiesensein der Kinder auf ihre Muttersprache und der Auf-

gabe, sich mit anderen angemessen verständigen zu können. Beidem – der kulturellen Identität wie der nötigen Integration – gerecht zu werden, erfordert auch manche erzieherischen Gratwanderungen. Leider lässt in etlichen türkischen Familien die Bereitschaft nach, mit der deutschen Sprache vertraut zu werden. Aus religiöser Sicht ist das Wecken von Vertrauen, das Ermöglichen des Gefühls der Geborgenheit wichtig (▶ S. 24), und wir fragen, welche sprachlichen Signale bei nicht deutschsprachigen Familien das Vertrauen wecken und stärken können.

- Erleben Eltern bei der Erstbegegnung mit der Einrichtung Interesse an ihrer Muttersprache? Sind wichtige Informationen mehrsprachig verfasst?
  Gibt es in den Informationsbereichen in der Kindertagesstätte mehrsprachige Hinweise?
- Haben die Erzieherinnen und Erzieher Gelegenheit, über Fortbildungsangebote

Zugänge zur Sprache der nicht deutschsprachigen Familien zu gewinnen?

- Werden Lieder anderer Sprachen gesungen?
- Können die Kinder Worte, die für das Entstehen von Vertrauen besonders wichtig sind, in ihrer Muttersprache hören? Das können Worte der Begrüßung, tröstende Worte wie »deine Mutter kommt bald wieder« u.Ä., einfache Kinderreime, Koseworte sein.

In einer Einrichtung bemühten sich die Erzieherinnen sehr darum, den türkischen Eltern in deren Sprache möglichst weit entgegen zu kommen. Deren anfängliche Freude und Dankbarkeit darüber aber verwandelte sich bald in Forderungen nach einer generellen Zweisprachigkeit in der Kindertagesstätte. Die Erzieherinnen fühlten sich dadurch missverstanden und brachen ihre Bemühungen ab.

- *Wie hätten Sie sich verhalten?*
- *Worauf hätte wohl genauer geachtet werden sollen, um solches Missverständnis zu vermeiden?*
- *Inwiefern hätte die Zielsetzung, neben dem Akzeptieren der Muttersprache in deutscher Sprache miteinander zu kommunizieren, deutlicher vertreten werden sollen?*
- *Versuchen Sie die Spannung zwischen Identität und Integration, zwischen eigenem Standort und Offenheit für das Fremde mit Ihren eigenen Worten zu erläutern. Versuchen Sie die Konsequenzen, die sich für Sie daraus ergeben, zu benennen.*
- *Passt die Erfahrung dieser Erzieherinnen zu Ihren eigenen? Oder haben Sie in dieser Hinsicht andere Erfahrungen gemacht?*

Festzeiten

Feste strukturieren den Ablauf der Zeit. Darum sind sie für das Zusammenleben in der Kindertagesstätte von großer Bedeutung. In den Festen verbinden sich kulturelle und religiöse Traditionen. Gemäß unseren bisherigen Überlegungen (▶ S. 54) gilt es bei Differenzen zwischen religiösen Festtraditionen zu bedenken: Wer lädt zum Fest ein und wer ist als Gast zum Mitfeiern eingeladen?

Die Feste der in der Kindertagesstätte vertretenen Religionen sollten im Bewusstsein der Erzieherinnen und Erzieher sein. Ein interreligiöser Festkalender könnte in der Form konzentrischer Ringe angeordnet werden.
Ein Ring zeigt die Monate und zugehörigen Feste des christlichen Kirchenjahres. Fest eingetragen werden die jährlich am selben Datum wiederkehrenden Feste wie Weihna-

chen, St. Martin, Nikolaus, in etwa auch das Erntedankfest (1. Sonntag im Oktober), die Adventssonntage. Beweglich zu gestalten sind die Feste im Umkreis von Ostern (dem Sonntag nach dem ersten Frühlingsvollmond), also von Fastnacht über die Passions- bzw. Fastenzeit und Osterzeit bis Pfingsten. Sie könnten etwa auf einem verschiebbaren Ring gekennzeichnet sein.
Ein weiterer Ring ist den islamischen Festen gewidmet. Die Monatsnamen lauten: Muharram, Safar, Rabi I, Rabi II, Djumada I, Djumada II, Radjab, Schaban, Ramadan, Schawwal, Dhu'l-Qada, Dhu'l-Hidja. Das muslimische Jahr ist ein reines Mondjahr, d.h. es zählt 12 Monate von 29 oder 30 Tagen. Weil das Mondjahr um 11 Tage kürzer ist als unser Sonnenjahr, verschiebt sich der muslimische Kalender jedes Jahr zu unserem Kalender um 11 Tage rückwärts. So sollte der islamische Kalender-Ring gegenüber dem christlichen beweglich gehalten werden, so dass er durch jährliches Zurückdrehen um 11 Tage immer wieder auf den aktuellen Stand gebracht werden kann. Je nach Bedarf können die Feste anderer Religionen in weiteren Ringen eingebracht werden. (Zu den Festen anderer Religionen und zu den islamischen Festterminen in den kommenden Jahren (▶ S. 138 ff.).

Zwischen interkultureller und interreligiöser Dimension gilt es zu unterscheiden: Steht die *interkulturelle* Dimension im Vordergrund, dann fällt es nicht schwer, gemeinsam zu feiern. In diesem Sinne wurde schon mehrfach in Einrichtungen das Zuckerfest (Fastenbrechen) gefeiert. Die muslimischen Eltern bekamen eine wichtige Funktion. Sie brachten ihre Festtradition ein mit Gekochtem und Gebackenem, mit Liedern und Tänzen. Den muslimischen Kindern bedeutete es viel, ihre Eltern auf einmal als Experten im Mittelpunkt des Geschehens zu erleben. Dennoch sollte mitbedacht werden, dass die *interreligiöse* Dimension ihr eigenes Gewicht hat. Das Zuckerfest feiern Familien als Abschluss des Ramadan, des islamischen Fastenmonats. Nach den Regeln des Koran hatten sie sich vorher – nach dem Grad ihrer eigenen Verbundenheit mit den islamischen Traditionen – der Pflicht des Fastens unterworfen und sind in der Moschee zum Gebet zusammengekommen. Wer diesen Hintergrund berücksichtigt, wird genau formulieren: Z.B. statt »Wir feiern das Zuckerfest« etwa »Wir laden die muslimischen Eltern und Kinder ein, mit uns Christen zu feiern und uns an ihrem Fest teilhaben zu lassen«. So kann deutlich werden, dass diese Eltern jetzt in der Kindertagesstätte Gastgeberrollen übernehmen und uns in ihr Fest mit hineinnehmen. Und das tun sie in der Regel gerne.
Auch wenn wir als Christen Muslime bzw. Angehörige anderer Religionen zu christli-

chen Festen einladen, ist es wichtig, die Unterschiede zwischen Interkulturellem und Interreligiösem zu bedenken.

In einem Kindergarten wurden die muslimischen Eltern zur Adventsfeier der Einrichtung eingeladen, bei der auch der Pfarrer mitwirkte. Die Zurückhaltung bei ihnen war groß. Die Teilnahme fiel ihnen leichter, nachdem das gottesdienstliche Element vom geselligen deutlich getrennt wurde. Das eine fand in der Kirche statt, das andere in der Kindertagesstätte. Im Jahr darauf erschienen auch etliche muslimische Eltern in der gottesdienstlichen Feier. Die klare Trennung förderte das Vertrauen.

- *Wie passt dieses Beispiel zu Ihren Erfahrungen?*
- *Was ist den Eltern nichtchristlicher Kinder zu erklären?*

Ein muslimischer Vater kam in der Adventszeit in den Kindergarten und sah seine Tochter, wie sie begeistert am Bau der Weihnachtskrippe mitwirkte. Daraufhin meldete er sein Kind bis zum Ende des Jahres vom Kindergarten ab.

- *Was war da wohl schief gelaufen?*
- *Was wäre wohl im Vorfeld zu klären gewesen?*
- *Inwiefern wäre wohl hier die Unterscheidung zwischen Interreligiösem (Jesus als Sohn Gottes ist für Moslems unannehmbar, vgl.* *▶ S. 115 f.**) und Interkulturellem (weihnachtliche Bräuche in Deutschland) hilfreich gewesen?*

Wahrscheinlich hätte auch ein Hinweis auf folgenden Inhalt des Koran Vorbehalte abbauen können: Der Koran erzählt, dass Maria einem Engel begegnet, der ihr die Geburt Jesu ankündigt. Ganz allein, weit weg von ihrer Familie, draußen im Freien unter einer Dattelpalme bekommt Maria ihr Kind. Als sie wieder zu Hause ist, geschieht wiederum Wunderbares. Der Neugeborene spricht: »Seht, ich bin Allahs Diener. Er hat mir das Buch gegeben und mich zum Propheten gemacht. Und Er machte mich gesegnet, wo immer ich bin, und befahl mir Gebet und Almosen, solange ich lebe, und Liebe zu meiner Mutter. Und Er hat mich weder gewalttätig noch unheilvoll gemacht. Und Frieden war mit mir am Tage meiner Geburt und wird es an dem Tage sein, da ich sterbe, und am Tage, da ich zum Leben erweckt werde!« (Sure 19,30–33).

Das Interesse an islamischen Festen gibt uns Gelegenheit, den muslimischen Kindern besondere Aufmerksamkeit zu schenken und

sie in den Mittelpunkt des Interesses zu rücken.
Aysche und Ceylan erscheinen mit hennaroten Händen in der Einrichtung. Neugierig werden sie von den anderen beäugt und befragt. Und so berichten sie, dass es üblich ist, am Vorabend des Zucker- und des Opferfestes die Hände so einzufärben, dass es wochenlang nicht mehr abgeht. Auch die Erzieherin zeigt Neugier, und so können die beiden der ganzen Gruppe eine Menge von ihrem Fest erzählen.
In solchem Sinne könnte auch Gelegenheit sein, von dem Familienfest anlässlich der Beschneidung des älteren Bruders zu erzählen, von den Festvorbereitungen, dem Besuch, den Geschenken, den Schmerzen des Bruders und seinem Stolz, nun zu den Großen zu gehören.
Muslime feiern keinen Geburtstag – abgesehen von inzwischen erfolgter Anpassung an unsere westliche Tradition. Das Zuckerfest könnte eine gute Gelegenheit sein, ihnen einen Ausgleich für entgangene Geburtstagsfreuden zu bieten: Gute Wünsche werden an sie gerichtet und sie bekommen Geschenke überreicht, denn wie für uns Weihnachten ist für Muslime das Zuckerfest das Fest des Schenkens.
Auch Eltern können in solche Anerkennung einbezogen werden, indem die Kindergruppe zu den muslimischen Hauptfesten Glückwunschkarten gestaltet und Glückwünsche formuliert. Dabei kann auf Symbole des Islam (▶ S. 91) zurückgegriffen werden. Vielleicht können – vor allem bei kirchlichen Trägern – Repräsentanten der gesamten Kirchen- bzw. Pfarrgemeinde dazu ermuntert werden, sich solchen Glückwünschen anzuschließen.

Kontakte mit den Eltern

Stellen Sie sich vor, Sie würden in der Türkei oder in einem arabischen Land wohnen und wären genötigt, dort Ihr Kind in einen islamischen Kindergarten zu geben. Was würden Sie von den Erzieherinnen dieser Einrichtung erwarten? Mit dieser Leitfrage bedenken wir die Beziehung der christlichen Erzieherinnen und Erzieher zu den muslimischen Eltern.
Wir gehen davon aus, dass die Erziehung der Kinder im Islam einen hohen Stellenwert hat. Sie ist religiöse Pflicht. Besonders den Vätern ist hier viel Verantwortung auferlegt. So lässt sich ganz gut nachvollziehen, unter welchen Spannungen sie zu leiden haben,

- wenn sie ihr Kind in einen Kindergarten geben und kaum miterleben können, was dort mit ihren Kindern geschieht, und sie auch im Bereich der religiösen Erziehung auf Vermutungen und Berichte der Kinder angewiesen sind.

- wenn sie befürchten müssen, dass all das Neue, das die Kinder in der Kindertagesstätte mitbekommen, zu dem in Widerspruch geraten könnte, was in ihrem eigenen Kulturkreis seit unzählbaren Generationen von den Eltern auf die Kinder weitergegeben wurde.
- wenn sie es nicht wagen, genauer nachzufragen aus Sorge, nicht verstanden und von anderen schief angesehen zu werden.

Umgekehrt kann es bei einer Mehrheit der islamischen Eltern in der Einrichtung auch geschehen, dass sie sehr deutlich Forderungen nach einer muslimischen Erziehung artikulieren (▶ S. 72).

Wichtig ist es, den muslimischen Eltern den Weg in die Kindertagesstätte zu erleichtern:

- durch die mehrsprachige Abfassung der für sie wichtigen Informationen und auch Einladungen
- durch Kontaktpersonen, die ihre Anliegen vermitteln können: andere Eltern ihres Vertrauens, die in der Kommunikation sicherer sind, muslimische Erzieherinnen, denen hier besondere Vermittlungsaufgaben zukommen.
- durch besonderen Nachdruck, etwa wenn zu Elternabenden ein besonderer Abholdienst für muslimische Eltern organisiert wird.

Oft sind Veranstaltungsangebote erfolgreich, die besonders auf die Situation und Bedürfnisse muslimischer Eltern zugeschnitten sind:

- Da wurden etwa Mütter zu besonderen Nachmittagen eingeladen, an denen Kittel für die Kinder genäht, Koch- und Backaktivitäten besprochen und durchgeführt wurden und dabei auch Gespräche über Fragen der Erziehung stattfanden. Hier konnten die muslimischen Mütter rasch Vertrauen fassen und jeweils loswerden, was sie beschäftigte. Hier fühlten sie sich sicherer als bei den allgemeinen Elternabenden, zu denen auch eher die Väter gingen. Hier konnte ihnen auch nahegebracht werden, wie wichtig es für ihre Kinder sei, in der deutschen Sprache heimisch zu werden – bzw. auch umgekehrt, wie wichtig der Erhalt ihrer Muttersprache in der Kommunikation der Kinder untereinander ist.
- Anderswo wurde ein Elterncafé etabliert mit der Gelegenheit zu informellen Gesprächen, das die Kontakte zu muslimischen Müttern und auch unter ihnen förderte.
- Zuweilen konnten auch Sprachkurse für Mütter solche Funktion übernehmen.
- Wichtig ist bei solchen Angeboten auch, an die Betreuung der Geschwisterkinder zu denken.

Möglichst frühzeitig gilt es mit den Eltern den Gesprächsfaden anzuknüpfen, um deren Einstellung zu ihrer eigenen Religion zu erkunden (▶ S. 70 f.). Denn bei den muslimischen Eltern verhält es sich oft auch nicht anders als bei den christlichen: Die einen fühlen sich ihrem Glauben sehr verbunden, andere kaum. Die einen achten sehr auf vom Koran vorgeschriebene Verhaltensweisen, andere sind da großzügiger. Den einen ist ihre religiöse Identität besonders wichtig – vielleicht sogar wichtiger als in der Heimat, andere achten kaum darauf.

Fragen an die Eltern können gute Brücken bauen, die Frage nach Koseworten oder wichtigen Vertrauensaussagen in der Muttersprache, die Frage nach besonderem Brauchtum samt den Gelegenheiten, von ihrer Heimat zu erzählen, die Frage nach der Bedeutung der Vornamen der Kinder.

Besondere Chancen bieten die Einladungen an nichtchristliche Eltern, bei Festen mitzuwirken. Oft ist die Resonanz zunächst zurückhaltend – die Eltern wissen noch nicht so recht, was auf sie zukommt. Das erfordert Geduld bei den Erzieherinnen und Erziehern und Zeit für die Eltern, sich auf solche Anfragen einzulassen.
Anregend ist für Eltern immer, wenn es etwas zu tun gibt. Erzieherinnen können davon berichten, wie nicht deutschsprachige Mütter selbst Hergestelltes in großer Menge in die Einrichtung mitbrachten bzw. dort zubereiteten: Leckereien, landestypische Gerichte.
Manche Erzieherinnen sind dazu übergegangen, die nichtchristlichen Familien zu Hause zu besuchen. Nachdem ein zuweilen vorhandenes erstes Misstrauen abgebaut war, konnten sie dort herzliche Gastfreundschaft und auch das Fremde der anderen Kultur und Religion ganz unmittelbar erleben. Solche Besuche können auch der Anstoß dazu sein, mit der Kindergruppe wiederzukommen, um so Gast in einer islamischen Familie zu sein. Entstandene persönliche Beziehungen gingen zuweilen so weit, dass Erzieherinnen zu Festen eingeladen wurden oder auch Babysitter-Dienste übernahmen (▶ oben S. 61 f.).
Regeln des interreligiösen Dialogs bewähren sich auch bei der Auseinandersetzung um unterschiedliche Erziehungsvorstellungen: Erkan benimmt sich wie ein Pascha gegenüber den Mädchen in der Gruppe und auch der Erzieherin. Ziemlich wütend stellt diese die Mutter zur Rede. Die aber reagiert unsicher und unbestimmt, weicht aus, zuckt die Schultern, will nicht verstehen. Deshalb ärgert sich die Erzieherin auch über die Mutter. Dann aber versucht sie sich in deren Rolle zu versetzen, fragt nach und erfährt, dass von den Großeltern her die Rollen der Familienmitglieder festgelegt sind und die Eltern hier keinen Streit vom Zaun brechen wollen. Sie spürt auch, dass der Junge durch die verschiedenen Erziehungsstile zu Hause und in der Einrichtung hin- und hergerissen sein muss. Trotzdem will sie an ihrem Erziehungsstil festhalten, der Jungen und Mädchen gleiche Rechte und Pflichten zuweist. Aber sie kann es jetzt mit der Mutter besprechen und dabei sogar deren Interesse an einer guten Lösung spüren.

Wenn Frau Yildiz ihre Tochter Ceylan im Kindergarten abliefert, wird jedesmal eine größere Aktion daraus. Alles nimmt ihr die Mutter ab, vom Ausziehen des Mantels bis zum Anziehen der Hausschuhe. Nach Ansicht der Erzieherin umsorgt die Mutter ihre Tochter viel zu sehr, »betüttelt« sie wie eine Prinzessin. Dabei könnte Ceylan doch schon so viel selbst tun. Aber die Mutter lässt sie einfach nicht selbstständig werden. Darüber ärgert sich die Erzieherin. Soll sie dieses Verhalten der Mutter einfach übersehen oder es der Mutter verwehren? Dann versucht sie es mit deren Augen wahrzunehmen. Und sie erfährt, dass Ceylan als kleines Kind längere Zeit krank war, dass die Mutter den Umgang der Deutschen mit ihren Kindern als ziemlich lieblos empfindet und ihrer Tochter eben jeden Tag noch viel Wärme mitgeben möchte, bevor sie sich von ihr verabschiedet. Die Erzieherin versucht beide Sichtweisen auszuhalten. Es kommen ihr Bedenken, ob ihr Ärger wirklich angemessen ist. Sie fragt sich sogar, ob Ceylans Trödelei, die sie oft wahrnimmt, wirklich vom »Betütteln« durch die Mutter her rührt oder vielleicht sogar ein Ausdruck ihrer Eigenständigkeit sein kann. Und ihr fällt auf, dass Frau Yildiz bei anderer Gelegenheit, z.B. bei der Übernachtung in der Kindertagesstätte – im Gegensatz zu anderen Müttern – damit einverstanden war. Sie nimmt sich vor, ihre Einstellung und Reaktionen sowohl der Mutter als auch deren Tochter gegenüber zu überdenken.[4]

Kennen Sie weitere Beispiele dafür, wie verschiedenes Erziehungsverhalten zu Hause und in der Kindertagesstätte in Spannung zueinander gerät und es darum geht, durch Verstehen der anderen Seite zu einem wohl bedachten Verhalten zu finden?

Zusammenarbeit innerhalb der Pfarr- bzw. Kirchengemeinde bei kirchlichen Trägern

Im Leitungsgremium einer Pfarrgemeinde geht es um die Frage, ob sich die Gemeinde angesichts knapper werdender Mittel überhaupt noch einen eigenen Kindergarten leisten kann. Welchen Nutzen bringt denn die Einrichtung für unsere Pfarrei? So wird mehrfach gefragt. Und dabei wird gleich auf den hohen Anteil an Familien verwiesen, die anderen Religionen angehören bzw. an einem Kontakt zur christlichen Gemeinde gar nicht interessiert sind. Warum gibt die Gemeinde so viel Geld in eine Einrichtung, deren Nutznießer gar keinen Bezug zur Gemeinde haben? Auch die Erzieherinnen sind zu diesem Gespräch eingeladen worden.

Wie können Sie ihre Gesprächspartner von den Chancen des interreligiösen Lernens überzeugen?

Ein erstes Argument zielt darauf, dass das christliche Gebot der Nächstenliebe allen gilt, so wie der barmherzige Samariter im Gleichnis Jesu (Lukas 10,25ff.) einem Menschen half, der nicht seinem Volk und seiner Religion angehörte. Caritative, diakonische

---

[4] nach Theorie und Praxis der Sozialpädagogik, Heft 92/1 S.8ff.

Aufgaben an unserer Gesellschaft gehören zu den Grundaufgaben einer christlichen Gemeinde.
Die Synode der Evangelischen Kirche in Deutschland hat es 1994 so formuliert: »Der Kirche kann es vom Evangelium her nicht gleichgültig sein, welche Lebensbedingungen Kinder in einer Gesellschaft vorfinden. Sie würde ihren Auftrag verfehlen, hätte sie nicht immer auch das Wohl aller Kinder im Blick, unabhängig von der kirchlichen Bindung ihrer Eltern oder ihrer eigenen Berührung mit der Kirche.« Familien gehören zu den strukturell Benachteiligten in unserer Gesellschaft, und das gilt besonders für Migrantenfamilien. Über ihre Kindertagesstätte können andere Mitverantwortliche der Kirchen- bzw. Pfarrgemeinde viel über diese Familien erfahren, die sonst nicht im Blick sind – eben weil muslimische Personen sonst in kirchlichen Kreisen kaum auftauchen. Folgenden Fragen sollten sich die Mitarbeitenden stellen:

- Was wissen die Erzieherinnen über die nichtchristlichen Familien im Einzugsbereich?
- Wie nützen die zuständigen Gremien der Kirchen- bzw. Pfarrgemeinde die Erfahrungen der Mitarbeitenden in der Kindertagesstätte mit nicht kirchlich engagierten Familien?
- Wie könnten die Verantwortlichen in der Gemeinde auf die caritativen Aufgaben der Kindertagesstätte aufmerksam gemacht, wie könnte ihr Interesse dafür geweckt werden?
- Wem sollten in welchem zeitlichen Abstand entsprechende Informationen angeboten werden?

Die herkömmliche Begrenzung der Kindergärten auf 4- bis 6-Jährige löst sich zunehmend auf. Kindertagesstätten werden zum Ort der Betreuung, Erziehung und Bildung von Kindern aller Altersstufen. Von der Erhebung der Bedürfnisse ausgehend gilt es entsprechende Angebote zu planen. Dabei ist auch die ganze christliche Gemeinde mit ihren Gruppen und Kreisen, ihren haupt- und ehrenamtlich Mitarbeitenden angesprochen. Um solcher neuen Aufgaben an Kindern und ihren Familien willen werden auch Abgrenzungen zwischen der Arbeit in der Kindertagesstätte und anderen Angeboten der Gemeinde für Kinder und Familien durchlässig. Gemeinsam gilt es Herausforderungen anzunehmen und nach Lösungen zu suchen:

- Was brauchen Familien anderer Religionen im Gemeindebereich in besonderer Weise (z.B. Hausaufgabenbetreuung, Gesprächsmöglichkeiten im Elterncafé, Hilfen bei Behördengängen, Hilfen zum Erlernen der deutschen Sprache, usw.)

- Welche Personen und Gruppen der Gemeinde, die sich solchen Aufgaben stellen, könnten von den Erfahrungen der Erzieher/-innen profitieren? In welcher Weise könnte das geschehen?
- Welche Angebote könnten durch ehrenamtlich Mitarbeitende der Gemeinde in der Kindertagesstätte gemacht oder ausgebaut werden? Wie könnte das organisiert werden?
- Auf welche Aufgaben und Probleme sollte in der Öffentlichkeit der kirchlichen Gemeinde deutlicher hingewiesen werden – in Predigten, Pfarr- bzw. Gemeindebriefen usw.?

Gemäß den theologischen Überlegungen (▶ S. 83 ff.) gehört der interreligiöse Dialog zum Selbstverständnis einer christlichen Gemeinde. Die Kindertagesstätte in der Gemeinde bietet besondere Möglichkeiten, solchen Dialog in Gang zu bringen und zu fördern:

- Sie bietet Gelegenheit zu Kontaktaufnahme und Begegnung – Welche Erfahrungen mit anderen Religionen könnten die Erzieherinnen weitergeben?
- Zu welchen Veranstaltungen könnten Interessierte aus der Gemeinde eingeladen werden (Elterngespräche, Elternabende, usw.)?
- Welche Feste mit viel Gelegenheit zur Begegnung könnten gemeinsam mit anderen Gruppen und Mitarbeitenden der Gemeinde geplant und durchgeführt werden?
- Welche interkulturellen und -religiösen Projekte der Kindertagesstätte könnten in Einladungen an Interessierte der kirchlichen Gemeinde münden?

Die Gemeinde bietet auch konkrete Anlässe, theologische Fragen des interreligiösen Dialogs aufzunehmen und voranzubringen: Zu welchen theologischen Einzelfragen brauchen die Erzieherinnen und Erzieher Klärung vor Ort? Wo fühlen sie sich theologisch überfordert?

Immer wieder berichten Erzieherinnen davon, beim Einstieg in interreligiöse Aufgaben völlig überfordert gewesen zu sein. Es fehlte an Wissen über die anderen Religionen, an der Sicherheit, um Wahrgenommenes richtig einschätzen, am Weitblick, um klare Entscheidungen treffen zu können. Die Defizite sollten nicht nur zwischen Ausbildung, Fachberatung und Fortbildung hin- und hergeschoben werden, sondern möglichst ortsnah angegangen werden.

- Welche aufgebrochenen Fragen könnten Anlass sein, in der Pfarr- oder Kirchengemeinde Experten einzuladen und dabei einen weiteren Kreis von Interessierten anzusprechen?

- Zu welchen Themen sollten Podiumsgespräche, Diskussionsrunden etc. initiiert werden?
- Welchen Beitrag zu solchen Veranstaltungen könnten Erzieherinnen mit ihren Erfahrungen und mit ihren Kontakten zu nichtchristlichen Eltern leisten?

Gemeinsame Inhalte und Zugänge zur Andersartigkeit

Wie sich mit der interreligiösen Konzeption mit dem Zueinander von Beheimatung und Offenheit, von Förderung der eigenen Identität und Begegnung mit dem Anderen viele Herausforderungen des konkreten Alltags in der Kindertagesstätte bewältigen lassen, haben die vorangegangenen Abschnitte gezeigt. So sehr interreligiöse Erziehung auf Klarheit in der Unterscheidung der jeweiligen religiösen Standorte drängt, so sehr ist sie auch darauf ausgerichtet, die Anwesenheit dieser unterschiedlichen Positionen im gelebten Miteinander bewusst zu machen. Es geht ja keineswegs darum, christliche und muslimische Religiosität voneinander zu trennen. Es geht vielmehr darum, wie im gemeinsamen Erleben und Tun unterschiedliche Beheimatungen und Positionen entdeckt und akzeptiert und daraus Einstellungen und Verhaltensweisen erwachsen, die den Umgang mit Fremdem als etwas ganz Normales pflegen. Aus der Gemeinsamkeit des Erlebens und Tuns heraus gilt es den Blick für das sich Unterscheidende zu gewinnen.

In den vorangegangenen Abschnitten war dieses Gemeinsame das alltägliche Zusammenleben aller Beteiligten. In den folgenden geht es nun um gemeinsame religiöse *Inhalte*, um dann von ihnen ausgehend erste Entdeckungen mit dem Unterscheidenden zu machen. Wir suchen gewissermaßen nach Entstehungssituationen des Wahrnehmens von Unterscheidendem. Von der Basis inhaltlicher Gemeinsamkeit aus können dann auch die Unterschiede nach und nach ins Blickfeld rücken.

Mit Unterschieden innerhalb der christlichen Religion umgehen lernen

In diesem Abschnitt bleiben wir zunächst im eigenen Lager des christlichen Glaubens. Hier gibt es viel Gemeinsames – und auch Unterschiede, mit denen schon innerhalb einer christlichen Religionspädagogik der Blick für das Andersartige und der Umgang mit ihm eingeübt werden kann. Das beginnt bei unterschiedlichen Einstellungen einzelner Personen zu Elementen der biblisch-christlichen Überlieferungen und führt dann auch zu den Unterschieden zwischen den christlichen Konfessionen. Wir halten damit gewissermaßen nach einer »interchristlichen« und interkonfessionellen religiösen Erziehung Ausschau.

Unterschiede in den persönlichen Einstellungen der Erziehenden

Es beginnt mit dem eigenen Sich-zurecht-Finden der Erziehenden im Zusammenhang der christlichen Überlieferung. Die einen sind von klein auf mit ihr vertraut, andere haben sich von ihrem Kinderglauben distanziert und sind auf der Suche nach Neuem noch nicht recht weitergekommen und wieder andere stehen erst am Anfang einer Begegnung mit dem christlichen Glauben. Das wird auch in der religiösen Erziehung seinen Niederschlag finden.

Solche unterschiedlichen biografischen Positionen bringen manche Verunsicherung mit sich: Werde ich bei einem kirchlichen Träger dessen Erwartungen gerecht? Mache ich es mit den Kindern »richtig«? Wie viel muss ich wissen und glauben, um den religionspädagogischen Anforderungen gewachsen zu sein? Hinter solchen Fragen steht oft die Vorstellung von einer religionspädagogischen »Norm«, der zu entsprechen ist, von Differenzierungen in »richtig« und »falsch«, von Gültigem, das keine Variationen und Differenzierungen verträgt. Angemessener aber ist es, beim christlichen Glauben in individuellen Zugängen, immer wieder neuen Anfängen und persönlichen Wegen mit ganz unterschiedlichen Verläufen und Windungen zu denken. Vorausgesetzte Gemeinsamkeit ist dabei die Bereitschaft, sich überhaupt auf diesen Weg einzulassen, ihn zu betreten. »Richtig« sind alle Stationen auf diesem Weg, auch wenn sie von Person zu Person ganz unterschiedliche Ausprägungen gewinnen. Inhalte des christlichen Glaubens können dann je nach der persönlichen Station auf dem Weg in unterschiedlicher Weise ins Spiel gebracht werden. Und die Kinder erleben am Vorbild ihrer Erzieherinnen, dass die persönliche Beziehung zu Inhalten des christlichen Glaubens ganz verschieden sein kann.

Erzählen

Viele Erzieherinnen gehen ganz bewusst ihren eigenen Weg mit den ausgewählten biblischen Geschichten. Nachdem sie mit dem Eintauchen in das Leben der Hauptpersonen ihren Zugang zu einer bestimmten Geschichte gefunden haben (▶ S. 46), trauen sie sich auch zu, diese mit ihren eigenen Worten und Gedanken den Kindern zu erzählen. Mit anderen Geschichten sind sie vielleicht noch nicht so weit. Die erscheinen theologisch noch zu schwierig, sofern es bei ihnen darum geht, unzugängliche Begriffe aufzunehmen, von Gott zu reden oder von Ereignissen, die gar nicht einleuchtend erscheinen. Die Erziehenden entscheiden selbst,

welchen Geschichten oder Teilen von ihnen sie sich zuwenden, welche sie sich »zutrauen« – und die Kinder erfahren, dass ihre Erzieherinnen ihren eigenen Glauben an ganz unterschiedlichen Geschichten festmachen, ihre persönlichen Lieblingsgeschichten haben und es auch Geschichten gibt, die sie nicht weitererzählen möchten. Und dasselbe gilt für die Kinder. Auch sie machen ihren Glauben an dem fest, was sie besonders angesprochen hat. Es ist gut, offen über solche unterschiedlichen Haftpunkte für die biblischen Überlieferungen zu reden.

Gebet

Die einen beten gerne mit den Kindern – andere haben da ihre Sperren und Vorbehalte. Sie ziehen vielleicht Gespräche vor, in denen es um dieselben Inhalten wie bei Gebeten geht, um Dankbarkeit für Erlebtes, um Bitten und Wünsche, um das Sorgen für andere Menschen. Aber anstatt die Hände zu falten, singt eine Erzieherin vielleicht lieber mit der Gitarre ein Lied, in dem Gott angesprochen wird, also ein Gebetslied. Eine andere hat Abneigung gegen gereimte Gebete, vielleicht von eigenen Erinnerungen aus der Kinderzeit her. Und die Kinder erleben, dass Menschen ganz verschiedene Zugänge zum Gebet haben können. Genauso kann es mit dem Lob des Schöpfers geschehen, das aus dem Staunen über die Wunder in der Natur heraus entsteht und entweder wörtlich oder nur indirekt, in Andeutungen seinen Ausdruck findet.

Feiern

Die Geburtstagsfeier mag bei der einen Erzieherin in einen ausdrücklichen Segenswunsch münden, andere formulieren lieber wohlüberlegte Glückwünsche. Wichtig für die Kinder ist, dass die Wünsche echt sind. Sie erleben, dass die einen sich schwer tun mit dem Reden von Gott, und anderen das leichter fällt.

Bei den Festen des Kirchenjahres fühlt die eine sich mit den biblischen Festgeschichten auf sichererem Boden als die andere. Die eine bezieht sich mehr auf das Brauchtum, auf begleitende Symbolik und geht nur in Andeutungen auf die biblischen Zusammenhänge ein. Die andere gestaltet ausführlich diese biblischen Geschichten. Und die Kinder lernen, dass beides angemessene Wege sein können, die christlichen Feste zu feiern. Vielleicht kann die Erzieherin auf Rückfragen der Kinder hin sogar sagen, dass sie die Passions- und Ostergeschichte noch nicht erzählen will und kann, dass ihr aber z. B. das Bild vom Samenkorn, das in die Erde gelegt wird und neues Leben hervorbringt, viel bedeutet.

Gegen das fantasievolle freie Nacherzählen biblischer Geschichten wird oft eingewendet, dass bei ihm die Kinder eher verwirrt würden. Droht nicht die Wiedererkennbarkeit der Geschichte verloren zu gehen, wenn die eine Erzählerin hier einen besonderen Akzent setzt, die andere woanders, wenn die biblischen Personen je nach den verschiedenen inneren Bildern der Erzählenden in ganz verschiedene Lebensverhältnisse hineingestellt werden? Sollte man nicht eher der Einheitlichkeit der biblischen Vorlage den Vorzug geben und sich möglichst eng an ihre Worte halten? Welche Geschichte »stimmt« denn, fragen die Kinder vielleicht, wenn sie etwa die Geschichte von der Kindersegnung in unterschiedlichen Fassungen hören. Aber dies kann doch genauso gut eine Lernchance sein, schon in der Gemeinsamkeit der gleichen biblischen Vorlagen mit Differenzen und Andersartigkeit umgehen zu lernen. Jede Erzieherin hat mit ihren eigenen Augen und Gefühlen die biblische Geschichte gelesen und sich deshalb in unterschiedlicher Weise zum Nacherzählen

anregen lassen. Die eine Geschichte erscheint in unterschiedlichen Erzählgewändern. Auch darüber kann man mit den Kindern reden.
Das entspricht übrigens den biblischen Überlieferungsprozessen selbst. Die Evangelisten des Neuen Testaments haben dieselbe Erinnerung an Jesus oft in ganz unterschiedlichen Worten und Bildern überliefert. Auch sie haben das von Jesus Gehörte und Gelesene in verschiedene Sprachgewänder gekleidet. Sie haben es mit ihren eigenen Augen gelesen, auf ihre Hörer und Leser hin bezogen und ihnen so die unterschiedliche Gestalt gegeben. Genau in dieser Tradition steht auch das freie Nach- und Weitererzählen der biblischen Geschichten heute – mit all der Unterschiedlichkeit, die sich daraus ergibt.
Auch die Kinder werden eingeladen, diesen Faden aufzunehmen. In ihren Reaktionen auf das Erzählte sagen sie, was ihnen besonders gut gefallen hat, wie sie das Erzählte mit ihren inneren Augen gesehen haben. Sie malen und spielen es, und aus der einen Geschichte wird auch hier wieder eine bunte Vielfalt. Allen wird dabei deutlich: Das alles ist aus der einen Geschichte entstanden, sie hat so viele unterschiedliche Gesichter gewonnen.
Manche Geschichten laden dazu ein, an deren offenem Ende den Erzählfaden selbst weiterzuspinnen, den Weg der Hauptpersonen mit der eigenen Fantasie weiter zu verfolgen – ohne damit der Wahrheit dieser Geschichte Abbruch zu tun. »Als Jesus wieder weg war, ging der Zöllner Zachäus (Lukas 19) auch wieder zu seinem Zollhaus zurück. Aber manches war jetzt anders als vorher. Erzählt davon, wie ihr es seht!« Auch auf diese Weise werden die Geschichten vielfältiger. Und die Differenz, das Unterschiedliche, Andersartige kann als bereichernde Vielfalt erfahren werden.

Konfessionelle Unterschiede

Andere Unterscheidungen im zunächst Gemeinsamen tun sich auf, wenn konfessionelle Unterschiede ins Blickfeld treten. Hier gewinnt das Andersartige nun eine neue Dimension: die der Zugehörigkeit zu einer Kirchengemeinschaft, die über individuelle Neigungen und Vorlieben hinaus geht. Im Kindergartenalter sind es ja noch nicht die kirchentrennenden Lehrunterschiede, die von Bedeutung sind, sondern unterschiedliche Verhaltensweisen: Handhaltung beim Beten, sich Bekreuzigen, Feier des Namenstags, dazu kommen spezifische Inhalte, etwa die Heiligengeschichten und Marienlieder, eigene Feste wie Fronleichnam und Allerheiligen. Neben den persönlichen Zugang zu dem einen oder anderen tritt nun mehr die Bindung an das Überlieferte in den Konfessionen, das mitten im Gemeinsamen seine Konturen gewinnen kann.

Im katholischen Kindergarten lernen evangelische Kinder z.B. das Sich-Bekreuzigen kennen. Dem probeweisen Mitvollzug steht sicherlich nichts im Wege, da es evangelischem Selbstverständnis nicht widerspricht. Behutsam kann dann deutlich gemacht werden, dass evangelische und katholische Gepflogenheiten hier unterschiedlich sind. Und dann entscheiden die evangelischen Eltern für ihre Kinder und mit ihnen, ob dieses Zeichen im Kindergarten mitvollzogen werden soll oder nicht. Für beides gibt es gute Gründe. Im einen Fall steht der Wert dieser Geste im Vordergrund, im anderen die konfessionelle Identität – und mit ihr auch das bekannte Spannungsverhältnis von Beheimatung der einen und religiösem Gaststatus der anderen.

- *Versuchen Sie doch einmal, solch ein Gespräch mit evangelischen Eltern bzw. Kindern zu spielen!*
- *Ließe sich in solcher Weise auch die Teilnahme der gemischtkonfessionellen Kindergruppe an einer Fronleichnamsprozession bedenken? Wie könnte dabei der religiöse Gaststatus der evangelischen (und darüber hinaus der nichtchristlichen) Eltern und Kinder zum Ausdruck kommen?*

Im evangelischen Kindergarten zeigt die katholische Erzieherin bei einer passenden Gelegenheit die ihr vertraute Geste des Kreuzzeichens und erzählt auch, warum sie es so macht. Sie lädt ein, es mit zu vollziehen, spricht dabei besonders die katholischen Kinder an. Hin und wieder kommt sie auf diese Praxis zurück und betont dabei auch, dass diese Geste bei evangelischen Christen nicht üblich ist.

- *Wie beurteilen Sie dieses Verhalten der Erzieherin?*
- *Welche Reaktionen vermuten Sie bei Eltern und Träger?*
- *Wie können hier Unsicherheiten und Unstimmigkeiten mit Bezug auf die gemeinsame christliche Basis und die klare Differenzierung in den Rollen von religiösen Gastgebern und Gästen vermieden werden?*

Konfessionelle Unterschiede sind ein wichtiges Einübungsfeld in den Umgang mit religiöser Andersartigkeit, weil hier die Basis des Gemeinsamen so stark ist, dass kaum mit religiösen Identitätskonflikten und Entfremdung vom je eigenen Glauben zu rechnen ist. Zwischen den Religionen wird solche Basis schmaler, aber auch hier suchen wir nach Möglichkeiten, vom Gemeinsamen aus das Unterscheidende kennen zu lernen und auf diesem Weg die Zugehörigkeit einzelner zu ihrer religiösen Tradition wahrzunehmen.

Gemeinsamkeiten und Differenzen bei religiösen Traditionen des Christentums und des Islam

In den bisherigen Überlegungen zum interreligiösen Lernen standen hauptsächlich die Unterschiede zwischen den Religionen im Vordergrund. Sie fordern ja zu den Überlegungen heraus, wie angesichts von Andersartigkeit und nicht vereinbaren Verhaltensweisen wechselseitiges Verständnis gefördert werden, wie ein Miteinander-Leben angesichts des einander religiös Fremden eingeübt werden kann und wie dabei sowohl mono- als auch multireligiöse Sackgassen zu bedenken sind. In diesem Abschnitt nun setzen wir bei Gemeinsamem zwischen den beiden Religionen an und suchen hier die Basis, um von ihm aus behutsam zu Entdeckungen des Verschiedenen zu kommen. Das inhaltlich Gemeinsame öffnet die Tür für unproblematisches Miteinander in religiösen Vollzügen. Das sollte genutzt werden, wo immer es sich uns anbietet. Aber das Verschiedene ist auch in ihm schon angelegt und sollte deshalb auch wahrgenommen werden. Entsprechend kann hier auch in den Kindern vom Gemeinsamen aus behutsam der Sinn für die Differenz zwischen Eigenem und Fremdem geweckt werden.

Judentum und Christentum sind am engsten miteinander verwandt, aber auch mit dem Islam besteht eine breite Basis. Alle drei Religionen sehen ihren Ursprung in den frühen Erfahrungen Abrahams mit Gott – man spricht auch von der so genannten »abrahamitischen Ökumene« – und haben Anteil an der Geschichte Gottes mit Israel. Und auch in allen drei Religionen hat die Auseinandersetzung mit Jesu Leben und Wirken großes Gewicht. Im Folgenden wird versucht, solche Gemeinsamkeiten aus den bestehenden Unterschieden gewissermaßen herauszuschälen. Mit ihnen gewinnen wir religionspädagogische Anregungen für den Lernweg, der vom gemeinsamen Erleben und Tun zum konstruktiven Wahrnehmen von Differenz hin führt.

Biblische Geschichten

Zuallererst tut sich hier der breite Bestand alttestamentlicher Überlieferung auf. Vergleichen wir einmal die Jona-Geschichte zwischen Koran und Bibel bzw. zwischen muslimischer und christlicher Auslegung. Es geht um Jonas Gerichtspredigt in Ninive:

Koran, Sure 38,140–149:

Auch Jonas war einer unserer Gesandten. Als er in das überladene Schiff floh, da warfen die Seeleute das Los, und durch dasselbe wurde er verurteilt (denn er zog das schlechte Los), worauf ihn der Fisch verschlang, weil er die Strafe verdiente (und sich selbst verurteilte).

Und wenn er Allah nicht gepriesen hätte, so hätte er in dessen Bauche bis zum Tage der Auferstehung bleiben müssen. Wir warfen ihn an das nackte Ufer, und er fühlte sich krank, wir ließen daher eine Kürbispflanze über ihn wachsen und sandten ihn zu hunderttausend Menschen oder noch mehr, und da sie glaubten, ließen wir sie leben bis zur bestimmten Zeit.

Ahmad von Denffer erzählt so:[5]

Der Prophet Junus wurde von Allah zu den Leuten einer großen Stadt geschickt. Sie hatten alle die Gebote Allahs vergessen und taten viele unerlaubte Dinge. Deshalb sagte Junus zu ihnen: Ihr sollt nur an den einen Allah glauben und Ihm allein gehorchen. Ihr sollt zu ihm beten und nur Gutes tun. Sonst kommt eine schreckliche Strafe über euch!

Als die Leute nicht gleich auf ihn hören wollten, wurde Junus ungeduldig und sehr zornig und kehrte der Stadt den Rücken. Er wollte mit einem Schiff über das Meer fahren. Als das Schiff auf hoher See war, wurde er ins Meer geworfen. Da kam ein riesiger Fisch angeschwommen und schluckte Junus ganz wie er war hinunter, so dass er unverletzt in dem großen Fischbauch landete.

Junus tief drunten im dunklen Fischbauch begann in seiner Angst und Einsamkeit nachzudenken. Und da verstand er, dass er nicht so ungeduldig und zornig hätte sein dürfen. Er hätte bei den Leuten in der Stadt bleiben und immer wieder zu ihnen sprechen sollen. Und er hätte fest auf Allah vertrauen sollen. Und in seinem Unglück fing er an, von ganzem Herzen zu beten: O Allah! Es gibt keinen Gott außer Dir. Dich allein lobe und preise ich. Ich habe unrecht gehandelt. Wenn Du mir nicht hilfst, bin ich verloren!

Da erhörte Allah sein Gebet, so wie Er das Gebet aller erhört, die fest an ihn glauben. Und Allah machte dass Junus aus dem Bauch des Fisches wieder herauskam und an eine Küste gespült wurde vom Meerwasser. Dort lag er nun, krank und schwach und ganz elend. Doch Allah machte, dass über ihm ein Baum wuchs. Und der Baum spendete erfrischenden Schatten, und es wuchsen herrliche Früchte auf ihm. Da wurde Junus wieder gesund und stark. Und Allah schickte ihn zurück in die Stadt, wo die Menschen nun auf ihn hörten, als er ihnen sagte: Ihr sollt nur an Allah glauben, zu Ihm beten und stets das Gute tun.

Die Bibel erzählt so:

In der Bibel finden wir die Geschichte im Buch Jona. Dazu auch ein Beispiel aus einem christ-

---

5 Denffer, Ahmad von: Islam für Kinder, Haus des Islam Aachen 1983, S.50f.

lichen Erzählbuch:[6]
Jona war ein Prophet in Israel. Eines Tages sprach Gott zu ihm:
»Jona, steht auf! Verlasse dein Land und geh in die Stadt Ninive! Warne die Menschen dort! Denn sie richten großes Unheil an.«
Da erschrak Jona. »Nach Ninive?«, sagte er sich. »Nein, da gehe ich nicht hin. Dort wohnen doch meine Feinde! Sollen die Menschen dort machen, was sie wollen! Mich geht das nichts an. Ich gehe nicht nach Ninive. Aber ich weiß, was ich mache: Ich laufe einfach davon. Da kann mich Gott nicht mehr finden. Dann muss ich auch nicht nach Ninive gehen.«

Da stand Jona auf und lief weg. Nicht nach Ninive, sondern zum Meer lief er hin.
Dort lag ein Schiff im Hafen. Jona ging hin und fragte: »Kann ich mit euch fahren?«
Der Kapitän nickte. Da gab Jona ihm das Fahrgeld, stieg in das Schiff und fuhr auf und davon.
Der Wind blies voll in die Segel. Das Schiff glitt ruhig durchs Wasser. Aber Jona sah nichts davon. Er lag ganz unten im Schiff und dachte zufrieden: »Hier unten kann mich Gott nicht sehen.«

Da zog plötzlich ein Unwetter auf. Der Himmel wurde ganz schwarz. Es blitzte. Es donnerte. Der Sturm brauste und peitschte über das Wasser. Und haushohe Wellen schlugen gegen das Schiff, so dass es krachte. Da erschraken alle Matrosen und schrien vor Angst.
Sie erhoben die Hände zum Himmel und beteten zu ihren Göttern: »Rettet uns! Helft uns, ihr Götter!«
Aber Jona lag unten im Schiff und schlief tief und fest. Da stieg der Kapitän zu ihm hinab, rüttelte ihn wach und rief: »Was fällt dir ein? Wie kannst du jetzt schlafen? Steh auf! Ruf deinen Gott an! Vielleicht hilft der uns.«
Schnell stand Jona auf und ging zu den anderen an Deck. Als er aber den Sturm und die Wellen sah, da wusste er plötzlich: Gott hatte ihn gefunden. »Bist du schuld an dem Sturm?«, fragten ihn die Matrosen. »Ja«, sagte Jona, »ich bin es.« Die anderen schauten Jona entsetzt an. »Wer bist du denn?«, fragten sie. »Und woher kommst du?« Jona antwortete: »Ich komme aus dem Land Israel. Und ich glaube an Gott, den Herrn, der die Erde und alle Meere gemacht hat. Aber ich bin vor ihm geflohen. Darum hat er diesen Sturm geschickt.« »Aber«, so fragten die anderen, »was sollen wir nun mit dir machen?«

---
6 Weth, Irmgard: Neukirchener Kinder-Bibel, Neukirchen-Vluyn 1988, S.142ff.

Jona schlug vor: »Werft mich ins Wasser! Dann hört der Sturm sicher auf!«

Aber die Matrosen wollten es anders versuchen. Sie nahmen die Ruder und ruderten mit aller Kraft. Doch sie kamen nicht vorwärts. Der Wind blies ihnen ins Gesicht. Da wussten sich die Matrosen keinen Rat mehr. »Ach Herr!«, beteten sie. »Vergib uns, was wir jetzt tun!« Und sie packten Jona und warfen ihn in das Wasser. Da hörte der Sturm plötzlich auf. Die Wellen legten sich. Der Himmel hellte sich auf. Als die Matrosen das sahen, beteten sie Gott an und brachten ihm Opfer.
Aber Jona? Was wurde aus Jona? Ertrank er im Meer? Nein, Gott schickte einen riesigen Fisch. Der verschluckte Jona mit Haut und Haar. Und noch bevor Jona begriff, was mit ihm geschah, saß er im Bauch des Fisches. Es war dunkel um Jona her und sehr eng. Aber er war gerettet! Da sang Jona ein Danklied und sprach dieses Gebet:

Ich rief zu dem Herrn
in meiner Angst.
Und er antwortete mir.
Wasser umgaben mich
und gingen mir an das Leben.
Aber du hast mein Leben
aus dem Verderben geführt,
Herr, mein Gott!«

Was fällt Ihnen beim Vergleich der biblisch-christlichen mit der islamischen Überlieferung und Nacherzählung auf?

Der Koran wiederholt nicht biblische Worte, sondern nimmt sie interpretierend auf. Eine Kenntnis der alttestamentlichen Geschichte wird anscheinend vorausgesetzt. Manchmal werden biblische Inhalte verändert. So werden die Geschichten von Isaak im 1. Mosebuch Ismael zugeschrieben.

Die Auslegung des Koran zielt konsequent auf die Verkündigung der Einzigkeit Gottes. Wer sie für sich gelten lässt, wird gerettet; wer sie ablehnt, dem drohen schlimme Strafen. In diesem Sinne werden Personen des Alten Testaments als Verkünder dieser Botschaft vorgestellt.
In seiner Nacherzählung zeichnet von Denffer die Jona-Geschichte in großer erzählerischer und erzieherischer Freiheit nach, ändert zuweilen auch die uns bekannte Abfolge der Ereignisse. Auch sein Tenor ist die Verkündigung des einen Gottes, dazu tritt die Mahnung, mit einem Gott wohlgefälligen Leben dem Willen Gottes zu entsprechen. Erzählauslegungen in christlicher Tradition sind breiter angelegt. Gemäß gegenwärtigen religionspädagogischen Intentionen sollen sich die Kinder mit vielen ihrer eigenen Erfahrungen in biblischen Gestalten wiederfinden. Die Erfahrungen dieser Gestalten

sollen ihnen auch in schwierigen Lebenssituationen Mut zum Leben geben (▶ S. 31 u. 35).

So ist also bei den alttestamentlichen Geschichten die Gemeinsamkeit zwischen islamischer und christlicher Auslegung nur annäherungsweise zu fassen. Gemeinsam ist der Bezug auf die Personen und Ereignisse, unterschiedlich sind die Akzentsetzungen bei der Auslegung.

- *Ist Ihrer Meinung nach die Basis breit genug, um diese Geschichte als gemeinsame christliche und islamische Tradition zu erzählen?*
- *Wären Sie bereit, Akzente der islamischen Tradition in Ihre Nacherzählung mit aufzunehmen? Oder sollte betont werden, dass Sie diese beiden Traditionen gemeinsame Gestalt so erzählen, wie Christen sie kennen?*

Schwieriger verhält es sich mit den Jesus-Geschichten des Neuen Testaments. Auch im Koran ist von Jesus die Rede. Er erscheint in ihm als Verkünder des einen und einzigen Gottes.

Sure 43,64–65:
Als Jesus mit deutlichen Zeichen kam, da sagte er: »Ich komme zu euch mit der Weisheit, um euch einen Teil dessen deutlich zu machen, worüber ihr uneinig seid; darum fürchtet Allah und gehorcht mir. Wahrlich, Allah ist mein und euer Herr, darum verehrt nur ihn; denn das ist der richtige Weg.«

Aber strikt abgelehnt wird seine Bezeichnung als Sohn Gottes. Das würde die Einzigkeit Gottes in Frage stellen. Auch Jesus ist nur Geschöpf, allerdings in ganz besonderer Weise mit Gottes Geist gesegnet. Der Kreuzestod Jesu wird im Koran abgelehnt. Vielleicht wehrte sich Mohammed gegen die Vorstellung, in ähnlicher Weise wie Jesus zu scheitern. Im Koran ist eher an eine Entrückung des lebendigen Menschen Jesus in den Himmel zu denken. Zwischen Geburt, Tod und Auferstehung Jesu tut sich das Wirken Jesu auf.

So erzählt von Denffer:[7]
Als Isa schon erwachsen war, hat er oft zu den Menschen gesprochen. Er hat ihnen das gesagt, was Allah ihm offenbart hat. Er hat ihnen von den früheren Propheten erzählt und gesagt: Auch ich bin ein Prophet Allahs. Ich bin ein Mensch wie alle anderen Propheten. Ihr sollt an Allah glauben und zu niemand anderem beten als nur zu Ihm. Und ihr sollt gut zueinander sein und euch gegenseitig helfen.

Manche Leute nennen Isa auch Jesus. Sie sagen, dass Allah der Vater von Jesus ist. Aber Isa hat den Leuten selbst gesagt, dass er nur ein Prophet ist, auch wenn er keinen Vater hat. Allah hat keinen Sohn. Nur die Menschen haben Söhne und Töchter.

Allah hat den Propheten Isa reich gesegnet. Er hat gemacht, dass Isa vielen Menschen helfen konnte. So hat Isa viele Kranke wieder gesund gemacht, so dass sie sehr dankbar waren und auf Allahs Worte hörten und zu Ihm beteten. Allah hat Isa auch geholfen, dass er Tote wieder lebendig machen konnte. Da waren die Menschen sehr froh und beteten zu Allah und dankten Ihm. Das alles konnte Isa mit Allahs Hilfe tun.

[7] Denffer, a.a.O.S.75ff.

Gemeinsam mit dem Islam haben Christen also das Bild des in Worten und Taten die Botschaft Gottes verkündigenden Jesus. Die Wege trennen sich aber beim Verständnis Jesu als Sohn Gottes und bei seinem Leiden, Sterben und Auferstehen. Zu berücksichtigen sind hier auch neuere christlich-religionspädagogische Überlegungen, welche die gemeinsame Basis stärken:

Die überlieferten Christus-Titel wie Gottessohn und Messias sind Kindern schwerer zugänglich als solche, die sich aus seinem Wirken ergeben: Heiland, Bote Gottes, u.Ä. Von seinem Handeln her schließt sich Kindern am besten der Zugang zu Jesus auf, nicht von seinen Titeln.
In der Mitte der Jesus-Geschichten steht seine Zuwendung zu den Menschen, seine Nähe, die auch sein Reden von Gottes Nähe glaubwürdig macht. Damit steht der »Menschen-Bruder« Jesus im Vordergrund, der den anderen menschlich nahe ist. Das Besondere an ihm sollte nicht als sein göttlicher Abstand zu den Menschen erzählt werden (etwa so: »... als Sohn Gottes sah Jesus natürlich sofort, was hier zu tun war ... es war ihm ein Leichtes, den Menschen zu helfen, denn er hatte ja göttliche Kraft ...«), sondern wie er von Mensch zu Mensch handelt – in der Beziehung, auf die er sich einlässt, in den Gesten, mit denen er zu anderen Kontakt aufnimmt, in seiner Aufmerksamkeit, mit der er die Not anderer wahrnimmt, in dem Mut, in dem er sich gegen die Meinungen anderer stellt, in der Autorität und Überzeugungskraft, in der er Gottes Willen kundtut. Das Besondere an ihm sollte als das Besondere des Menschen Jesus erzählt werden, nicht als die Tat eines »Halbgottes«, der aus einer anderen Wirklichkeit stammt. Dazu ein Beispiel aus einer Nacherzählung von Jesu Heilung einer Frau mit verkrümmtem Rücken, Lukas 13,10ff., in dem deutlich wird, wie gerade die menschlichen Züge Jesu seinen besonderen Auftrag von Gott her verdeutlichen:

Sie sah vor sich auf den Boden. Sie sah – wie immer – nur das, was vor ihren Füßen war. Zuerst hörte sie es gar nicht, dass Jesus sie anredete. Sie konnte ja sein Gesicht nicht sehen. Erst als andere sie anstießen und leise zu ihr sagten: »Er meint dich!«, da ging sie langsam nach vorne. Sie ging durch die Gasse, die sich bildete, und sie sah wie immer nur die Beine der anderen, wie sie ihr Platz machten. Sie war etwas durcheinander: Warum hatte Jesus gerade sie gesehen? Sie war doch so klein und unauffällig. Warum hatte er nicht genauso achtlos über sie hinweg geschaut wie die anderen? Als sie vor Jesus stand, beugte er sich zu ihr herunter, und sie konnte sein Gesicht sehen. Sie konnte dem in die Augen schauen, der sie entdeckt hatte. Sie sah den Mund, der sie vor allen anderen angesprochen hatte. »Du bist doch auch ein Kind Gottes«, sagte Jesus zu ihr. »Du bist für ihn wichtig. Er kennt dich und liebt dich ganz besonders!« Dabei spürte sie seine Hände auf ihrem Kopf. Solche Worte hatte sie noch nie gehört. Sie taten ihr so gut. An solchen Worten konnte sie sich festhalten, mit solchen Worten konnte sie stark werden. Dann nahm Jesus sie bei ihren Händen. Gemeinsam richteten sie sich auf. Sie spürte Kraft in ihrem Rücken. Sie konnte sich strecken und den Kopf heben. Sie war jetzt so groß wie die anderen. Sie sah den anderen ins Gesicht und wie sie ihr zunickten ...

- *Wie können Sie die Möglichkeiten nutzen, christlichen und muslimischen Kindern Jesusgeschichten als gemeinsame Überlieferung zu erzählen?*
- *Bei welchen Gelegenheiten möchten Sie darauf aufmerksam machen, dass die Sichtweisen Jesu zwischen den beiden Religionen auseinandergehen?*

Gebete

Erinnern wir uns an die Beschwerde des muslimischen Vaters über das Beten im Kindergarten (▶ S.73): Diese Begebenheit rückt ins Bewusstsein, wie sehr religiöses Identitätsgefühl doch an äußeren Gesten festgemacht wird. Die Gesten aber sind bei Muslimen und Christen verschieden. Bei ihnen gilt es, die Fremdheit der jeweils anderen Religion annehmen zu lernen. Wie erklärungsbedürftig dies ist, zeigt das Missverständnis des Vaters: »Es ist der Erzieherin egal, wie die Kinder beten!« Zugleich suchen wir nach einer Basis des gemeinsamen Betens zu dem einen Gott, um auch hier wieder von einem gemeinsamen Vollzug aus den Umgang mit dem je Andersartigen einüben zu können.

Der Islam kennt zweierlei Weisen des Betens: Zum einen das rituelle Gebet (Salah), das genau nach vorgeschriebenen Merkmalen (z.B. die vorangegangenen Waschungen u.a.) zu vollziehen ist. An ihm können nur Muslime aktiv teilnehmen. Es wird eingeleitet durch das Bekenntnis zur Einzigkeit Gottes (»Ich bezeuge, dass es keine Gottheit gibt außer Gott. Ich bezeuge, dass Mohammed der Gesandte Gottes ist«), einem wesentlichen Identitätsmerkmal des Islam (▶ S. 135 f.). Gemeinsamkeit ist hier für Christen nur denkbar in der Rolle des religiösen Gastes, als ein »stilles, von Achtung und Ehrfurcht getragenes Dabeisein, das die Schranke zwischen dem eigenen Glauben und dem des anderen durchaus respektiert und trotzdem Gemeinsamkeit erleben lässt«[8]. Kinder

[8] Mildenberger, a.a.O.S.76

sind übrigens zum Vollzug des rituellen Gebets noch nicht verpflichtet.
Daneben gibt es das eher private Bittgebet (Dua), das zu jeder Zeit gebetet werden kann. Mit ihm haben die Kinder im häuslichen Lebenskreis zuerst Berührung, sofern es die Eltern praktizieren. In ihm können wir eine Basis für das gemeinsame Beten in der Kindertagesstätte finden.

Von christlicher Sicht her trennt die beiden Religionen das Gebet zum dreieinigen Gott, das besonders dann zum Ausdruck kommt, wenn Jesus Christus oder der Heilige Geist in der Gebetsanrede angesprochen werden. Gemeinsames kann in dem Beten gefunden werden, in dem Menschen Gott all das anvertrauen, was sie bewegt. Inhalte solcher Gebete sind all das, was Ausdruck der Beziehung zu Gott ist: Aufmerksamer Dank für das, was wir von Gott haben; Bitten an ihn, samt dem Bewusstseins, von Gott nichts erzwingen zu können; Fürbitten für andere, um die wir uns Sorgen machen.

- *Bei welchen Gelegenheiten können und möchten Sie die Möglichkeiten des gemeinsamen Betens mit christlichen und muslimischen Kindern nutzen?*
- *Bei welchen Gelegenheiten sollten den Kindern die trennenden Unterschiede bewusst gemacht werden?*

Beispiele für islamische Gebete:[9]

Im Namen Gottes, auf den ich vertraue,
denn alle Macht und Stärke gebührt nur ihm.

Lieber Gott, Du bist da, Du bist ein,
und Du weißt genau, was ich mein.
Gib mir nicht zu wenig,
so dass ich von Tür zu Tür geh,
gib mir nicht zu viel,
so dass ich zu stolz steh.

Dank gebührt Gott,
dem, der uns satt macht, der uns nicht
dursten lässt,
der uns zu den Glaubenden zählt.
Öffne uns alle Türen zum Guten,
lass Deinen Segen über uns nicht
Ende gehen.
Dank gebührt Gott, dem, der uns alle ernährt.

- *Zu welchen Sätzen finden Sie vom christlichen Hintergrund her gut Zugang?*
- *Welche erscheinen Ihnen eher fremd?*
- *In welchen erkennen Sie besondere Merkmale islamischer Gottesverehrung?*
- *Haben Sie Vorbehalte dagegen, dass diese Gebete von christlichen und muslimischen Kindern gemeinsam gesprochen werden?*

---
9 Rheinischer Verband, a.a.O.S.14

- *Würden Sie darauf hinweisen, dass diese Gebete aus islamischer Tradition stammen?*
- *Welche bekannten Kindergebete christlicher Tradition würden gut zu diesen Gebeten passen?*

Das folgende islamische Gebet zeigt erstaunliche Ähnlichkeit mit dem christlichen Vaterunser:

> *Unser Herr, Gott, der Du im Himmel bist,*
> *Geheiligt werde Dein Name!*
> *Dein Befehl regiert im Himmel und*
> *auf der Erde.*
> *Wie Dein Erbarmen im Himmel waltet,*
> *so lass Dein Erbarmen auf der Erde walten!*
> *Vergib uns unsere Schuld und*
> *unsere Sünden.*
> *Du bist der Herr der Rechtschaffenen!*

- *Erkennen Sie die Gemeinsamkeiten und auch die besondere Akzentsetzung?*
- *Bei welchen Gelegenheiten halten Sie es für angebracht, in der interreligiösen Erziehung auch einmal dieses Gebet anstelle des Vaterunsers zu beten?*

Auf der Basis gemeinsamer Gebetsinhalte kann dann das je Andersartige der Gebetsgesten erschlossen werden. Gleichzeitig mit den gemeinsam gebeteten Gebetsinhalten wird die Beheimatung in unterschiedlichen Gebetsritualen erlebt. Die aneinander gelegten oder gefalteten Hände drücken die Konzentration auf die Beziehung zu Gott aus; die erhobenen Hände zeigen die Haltung des Bittenden, der sein Vertrauen auf Gott richtet und von ihm Zuwendung erwartet.

- *Mit welchen Hinweisen kann den Kindern und Eltern solche Gleichzeitigkeit von Gemeinsamkeit und Differenz verständlich gemacht werden?*
- *Wo ist darauf zu achten, dass Unterschiede nicht verwischt und eingeebnet werden?*

Gespräche

Robert Coles, der viele Kinder zu ihren religiösen Vorstellungen befragte, berichtet von einer muslimischen Mutter:[10]

»Als meine Kinder klein waren, wollten sie Allah *sehen* und Mohammed auch. Wenn ich ihnen ein Bild von ihnen – von ihren Gesichtern – hätte zeigen können, wäre ich sehr glücklich gewesen. Ich erkläre ihnen, dass man nicht alles, was es gibt, im Fernsehen sehen kann. Ich sage ihnen, dass wir manchmal auch unsere Augen schließen müssen, statt immer noch mehr sehen zu wollen: Fil-

[10] Coles, Robert: Wird Gott naß, wenn es regnet? Die religiöse Bilderwelt der Kinder, München 1994, S.38.

me, Videokassetten, all die Sender, die man kriegt, wenn man nur auf den Knopf drückt. ‚Ja, aber wie sieht Er (Allah) aus?' wollen sie wissen. Macht die Augen zu, wenn ihr solche Fragen habt, erkläre ich ihnen! Als sie dann immer noch weiterfragten, habe ich zu ihnen gesagt: Wenn ihr versucht, Ihn, also Sein Gesicht zu sehen, werdet ihr blind – dann könnt ihr gar nichts mehr sehen! Ich habe mir die Augen zugehalten, um ihnen zu zeigen, was Blindsein bedeutet – nur noch Dunkelheit!«

Dieser Bericht macht auf den sehr vorsichtigen Umgang mit Gottesvorstellungen im Islam aufmerksam. Einen wichtigen religionspädagogischen Ansatzpunkt für Gespräche über Gott und den Glauben fanden wir von christlicher Sicht aus in der Bindung an die eigene Person: »Wie stellst du dir das vor? Mir ist besonders wichtig … usw.« Gegenüber muslimischen Kindern ist diesbezüglich Vorsicht geboten, weil der Spielraum für eigene Vorstellungen hier sehr eng ist. Deutlich muss betont werden, dass Christen und Muslime in diesem Bereich unterschiedlich denken.

Mehr Gemeinsamkeit tut sich im Umgang mit symbolischen Aussagen über Gott auf. In der islamischen Tradition wird Gott mit den »99 schönsten Namen« ausgezeichnet. Gott ist König, der Große, der Hüter, der Liebevolle, der Wächter, der Freund, das Licht usw. So gesehen dürfte es keine Schwierigkeiten bereiten, auch mit muslimischen Kindern Symbole zu bedenken, die Gleichnis dafür sind, wer Gott für uns ist und was für unsere Beziehung zu ihm wichtig ist. Gemeinsam ist auch das Vertrauen, das die Gottesbeziehung bestimmt, das Geborgensein in der barmherzigen und liebevollen Zuwendung Gottes zu seinen Geschöpfen.

Noch breiter wird die Basis des Gemeinsamen, wo es um die Welt als Schöpfung Gottes und die Verantwortung der Menschen für sie geht. Hinweise auf die biblischen Schöpfungsberichte finden sich auch im Koran. Dem gemeinsamen Staunen über Gottes Schaffen und dem Loben Gottes stehen keine Unterschiede zwischen den Religionen im Wege. In entsprechender Weise werden in beiden Traditionen die Menschen aufgefordert, ihre Verantwortung für andere wahrzunehmen, sich für die Erhaltung der menschlichen Gemeinschaft und der ganzen Schöpfung zu engagieren. Heiligenlegenden von Menschen gehören dazu, die sich für andere einsetzten, wie wir sie etwa von St. Martin und St. Nikolaus kennen.

- *In welchen Bereichen trauen Sie sich Gespräche mit christlichen und muslimischen Kindern über den Glauben an Gott und das ihm entsprechende Verhalten zu?*

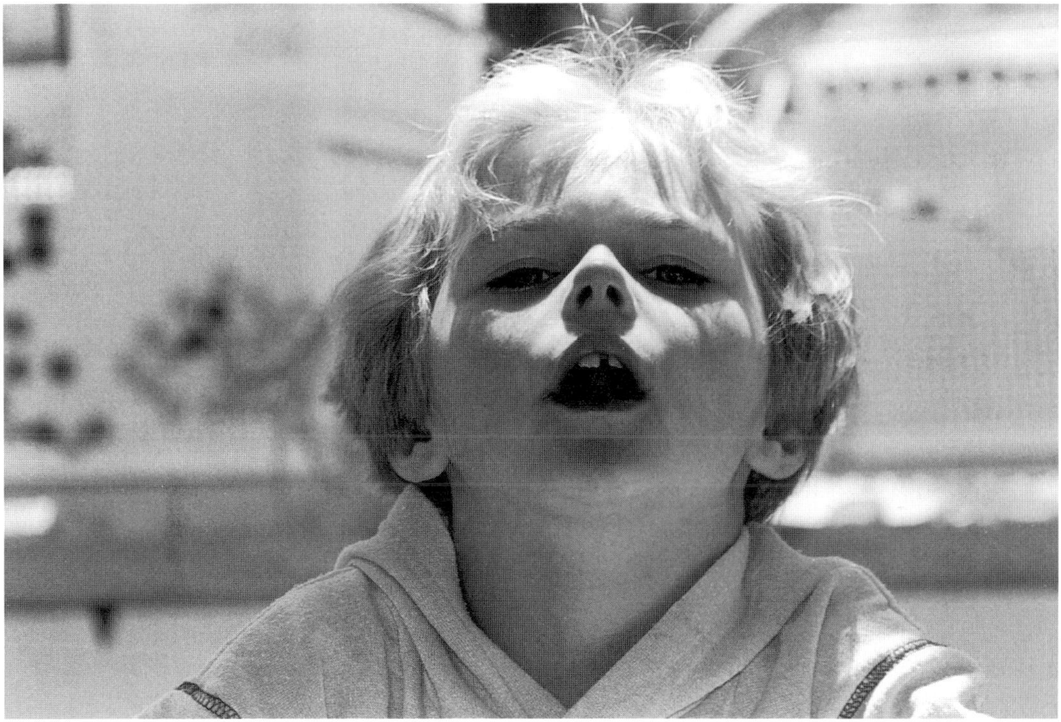

- *Erinnern Sie sich an Gespräche mit Kindern, wo interreligiös auf Differenzierung zwischen christlichen und muslimischen Vorstellungen zu achten war?*
- *Wo fühlen Sie sich in diesem Bereich unsicher und brauchen weitere Informationen? Wen könnten Sie befragen?*

Feste

Religiöse Feste prägen maßgeblich das Zugehörigkeitsgefühl der Gläubigen zu ihrer Religion. Deshalb haben wir Feste bisher auch immer unter dem Gesichtspunkt eines die Unterschiede respektierenden Zu-Gast-Seins bei den anderen bedacht. Dennoch könnten wohl die beiden nachstehend vorgestellten Feste religionsübergreifend gefeiert werden.

Aschura: Am 10. Tag nach dem islamischen Neujahrsfest findet der Aschura-Tag statt. An ihm wird an Mohammeds Tod gedacht, auch an Mose, der im Auftrag Gottes sein Volk aus Ägypten führte, und schließlich an Noah und die Arche, und dabei besonders an die Tage vor dem Ende des Aufenthalts in der Arche und dem Neubeginn an Land. Der Brauch dieses Festes knüpft an eine Legende zur Noah-Geschichte an: Bevor die Zeit in der Arche zu Ende ging, wurden die Essensvorräte knapp. Alle fieberten ungeduldig dem Ausstieg aus der Arche entgegen. Und Noah wusste, dass nun keine Vorräte mehr nötig waren. Er ordnete an, alle Reste an Nahrungsmitteln zusammenzutun und daraus eine Suppe zu kochen. Diese Aschura-Suppe (= Zehnersuppe) muss zehn Zutaten haben und mindestens zehn Personen müssen an der Mahlzeit teilnehmen. Das also wird die Festmahlzeit bei unserem gemeinsamen Fest sein.

Aschurasuppe
Rezept für 10–15 Personen [11]

Zu gleichen Anteilen (50–100gr): Trockenobst wie Äpfel, Rosinen, Pflaumen, Pfirsiche, Bananen usw.; Hülsenfrüchte wie Bohnen, Mais und Kichererbsen; Haselnüsse, Mandeln, (Walnüsse sind nicht zu empfehlen), 250 gr. Getreide (Weizen eignet sich gut), dazu etwas Sesam und eine Messerspitze Salz.

Getreide am Vorabend einweichen, Wasser abgießen. Getreide, Früchte und Obst je nach Beschaffenheit vorkochen, in einem großen Topf mischen, mit Zucker oder Honig und Zimt je nach Geschmack würzen und 1–2 mal aufkochen lassen. Es empfiehlt sich, das vorgekochte Wasser (außer vom Weizen) nur bedingt zu verwenden.

Die Suppe kann lauwarm oder kalt gegessen werden.

Weil die Noah-Geschichte (1. Mose 7–9) zum Grundbestand der in Kindergärten erzählten biblischen Geschichten gehört und viele kirchliche Einrichtungen nach der Arche benannt sind, wird sie natürlich zur Festgeschichte.

In der islamischen Tradition spielt die Vorgeschichte eine große Rolle: »Nuh« (= Noah) verkündet als Prophet Allahs den anderen Menschen Gottes Willen: »Wendet euch zu Allah! Fürchtet den Tag, an dem ihr Allahs Gerechtigkeit gegenübersteht!« Aber die wollten nicht auf ihn hören, sondern verspotteten ihn. Sie quälten ihn sogar und versuchten ihn zu töten. Allah aber beschloss, alle diese bösen Menschen zu vernichten.«

[11] Rheinischer Verband, a.a.O.S.16.

Im christlichen Zusammenhang wird diskutiert, ob denn in der religiösen Erziehung der strafende Gott so sehr im Vordergrund stehen soll. Könnte sich dadurch nicht folgendes Bild von Gott in den Kindern festsetzen: Wenn Gott böse ist, vernichtet er die Menschen und ihre Welt – auch wenn es zum Schluss heißt, dass Gott so etwas nie wieder tun wird? Was ist, wenn sich die Kinder nun besonders um diejenigen Menschen Gedanken machen, die nicht in die Arche hinein dürfen? Aus diesem Grund wird – in Distanz zu islamischen Akzentsetzungen – in folgender Erzählanregung der Aspekt des strafenden Gottes in den Hintergrund gerückt.

Noah war schon ein alter Mann. Seine drei Söhne waren schon erwachsen und hatten auch Kinder. Es ging Noah, seiner Frau und seinen Kindern gut. Noah sprach viel zu Gott und bekam auch Antwort von ihm. Wie das geschah, davon erzählte er niemandem. Das Reden mit Gott tat ihm gut. Dass ihn Nachbarn wegen seiner Gespräche mit Gott auslachten, machte ihm nichts aus. So waren sie eben, die anderen.
Eines Nachts erschrak Noah zutiefst. Er hörte Gott sprechen: »Noah, ich muss dir etwas Wichtiges sagen. Höre gut zu! Es wird eine große Flut kommen. Ich will es solange regnen lassen, bis alles Land im Wasser verschwunden ist!« – »Warum lässt du das geschehen«, rief Noah ganz verzweifelt. Dann aber hörte er weitere Worte von Gott: »Noah, dich und deine Familie will ich retten. Ihr sollt leben und viele Nachkommen haben!« – »Wie soll das geschehen?« fragte Noah. Und dann sah er vor seinem inneren Auge ein großes Schiff, groß wie ein Haus mit vielen Zimmern. »Bau solch ein Schiff!« hörte er Gott sagen, »und ich bin mit euch in diesem Schiff!«
Noah konnte jetzt wenigstens ein bisschen aufatmen. Er verstand zwar immer noch nicht, warum Gott die große Flut kommen lassen wollte. Aber er baute mit seinen Leuten an dem großen Schiff und spürte dabei: Gott ist trotz allem, was da kommen wird, mit seiner Freundlichkeit nahe bei mir. Das Schiff wurde für ihn wie eine Hand Gottes, die ihn und seine Leute beschützte.
Bald war es soweit. Noah, seine Frau, seine Familie gingen an Bord, und auch für viele, viele Tiere war Platz. Alle Fenster wurden fest verriegelt. Als er die Tür zuschloss, war es ihm, wie wenn Gott selbst die Türe zugemacht hätte – so fest, dass kein Wasserstrahl, kein Windstoß sie mehr aufreißen konnte. Er dachte an all die Lebewesen im Schiff, die jetzt in Gottes guter Hand waren. Dann hörten sie den Regen rauschen und spürten, wie das Schiff schwamm. Noah wusste immer noch nicht, warum Gott das tat, aber zugleich genoss er

die Sicherheit in dem großen Schiff. »Mein Gott, ich verstehe dich nicht!«, betete er immer wieder. »Aber ich danke dir, dass du bei uns im Schiff bist!«
Nach vielen Tagen hörte der Regen auf. Als Noah wusste, dass der große Regen wirklich zu Ende war, brach er eines der Fenster wieder auf. Zuerst ließ er einen Raben fliegen, aber der kam bald zurück. Dasselbe geschah mit einer Taube. So wusste er, dass die Vögel sich noch nirgendwo niederlassen konnten. Nach sieben Tagen schickte er wieder eine Taube aus. Die kam mit einem Zweig im Schnabel wieder. Da freute sich Noah, dass Land in der Nähe war. Und wieder sieben Tage später setzte das Schiff auf dem Boden auf. Jetzt öffnete Noah alle Türen, die Lebewesen gingen an Land. Alles freute sich über die Sonne, das Licht, den festen Boden unter den Füßen.
Noah baute für Gott einen Altar und betete: »Gott, ich danke dir, dass du uns gerettet hast!« Dann blickte Noah auf und sah einen wunderschönen Regenbogen. Und er hörte Gott: »Der Regenbogen soll das Zeichen dafür sein, dass ich dein Freund bin und euer Freund. Nie wieder will ich die Welt vernichten. Solange die Erde steht, sollen ohne Unterbrechung Sommer und Winter, Saat und Ernte, Frost und Hitze, Tag und Nacht aufeinander folgen!«

- *Welches Verhältnis haben Sie zu den Anregungen aus den beiden religiösen Traditionen?*
- *Scheint es Ihnen vertretbar, Gedanken aus beiden Traditionen miteinander zu verbinden?*
- *Wie könnte Ihre eigene Erzählung aussehen? Welche Akzente möchten Sie setzen?*
- *Erscheint es Ihnen notwendig, die Kinder und Eltern auf unterschiedliche Akzentsetzungen aufmerksam zu machen?*

Zu der Geschichte kann auch ein Noah-Lied kommen, z.B. »Als Noah in die Arche ging«[12].
Bilder von der Arche können gemalt werden, auch von den Tieren, die in der Arche Platz finden. Mit Malen, Ausreißen, Kleben könnte sogar ein Gemeinschaftswerk entstehen. Vielleicht bastelt jemand eine Arche aus Holz, mit der die Kinder spielen, in die sie Menschen und Tiere einladen können.

Bei der Gestaltung solch eines gemeinsamen Fests ist aber auf jeden Fall mit muslimischen Eltern abzusprechen, wie die einzelnen Festelemente zu ihrer eigenen Festtradition passen. Immerhin gehört für viele von

---

12 Lied aus Watkinson, 9x11 neue Kinderlieder zur Bibel, S.12, Kaufmann Verlag Lahr 1973.

ihnen dieses Fest zu den höchsten im Jahreskreis.

Erntedankfest: Am ersten Sonntag im Monat Oktober findet das christliche Erntedankfest statt. Oft gestalten an diesem Tag Kindertagesstätten die Festgottesdienste in den Kirchen mit. Es wäre aber auch vorstellbar, dieses Fest gemeinsam mit muslimischen Familien in der Kindertagesstätte zu feiern, denn der Glaube an Gottes Schaffen und Erhalten ist beiden Religionen gemeinsam. Günstig ist es, schon viele Monate vorher an einem ausgewählten Baum mitzuverfolgen, wie dessen Früchte reifen. So kann sich der Dank an Gott für das Geerntete viel intensiver mit eigenen Erfahrungen der Kinder verbinden. Um das Ernten geht es auch in vielen Geschichten. In Anlehnung an den Koran (Sure 18,31–42) ist die folgende Geschichte erzählt[13]:

Aus dem Koran

Ein reicher Bauer besaß zwei Weingärten, die von Palmen umgeben waren. Zwischen den beiden Gärten hatte er Getreidefelder angelegt, durch die ein Bach mitten hindurch floss. Dem Bauern ging es gut, und er konnte sorglos leben.

Eines Tages unterhielt er sich mit seinem Nachbarn, der bei weitem nicht soviel besaß wie er. Er ging mit ihm durch seine Weingärten, an deren Reben die Trauben üppig hingen. Die Miene des reichen Bauern strahlte Zufriedenheit aus. Angesichts der bevorstehenden guten Ernte geriet er ins Schwärmen und protzte mit seinem Reichtum: »Ich bin reicher als du und habe auch mehr Angestellte. Wenn einst mein letztes Stündlein kommt, wird mich Gott im Himmel wohl mit einem noch größeren Besitz belohnen. Aber damit ist's wohl Gott sei Dank noch lange hin.«

»Wie kannst du nur so das Geld und deinen Besitz zum Mittelpunkt deines Lebens machen! Du merkst wohl gar nicht, wie dein Vermögen zu deinem Gott geworden ist? Das ist Götzendienst! Du versündigst dich, wenn du dich so von deinem vielen Geld in Besitz nehmen lässt! Mag sein, dass ich im Augenblick ärmer bin als du. Aber dafür glaube ich an Gott und vertraue fest darauf, dass er meinen Glauben im Paradies später belohnt und mir etwas Besseres als deinen Garten geben wird!«

Und es kam so, wie der Nachbar es dem reichen Bauern vorhergesagt hatte. Schon am nächsten Morgen traute der Bauer seinen Augen nicht: Seine gesamte Ernte war auf einen Schlag vernichtet worden. Starke Regenfälle

13 Tworuschka, Monika und Udo (Hg): Vorlesebuch Fremde Religionen, Bd.1: Judentum – Islam, Lahr und Düsseldorf 1988, S.311ff.

hatten die Plantage zerstört, und sie war nur noch eine einzige schlüpfrige Fläche. Der reiche Bauer war verzweifelt. Er bot ein Bild des Jammers und rang vor lauter Kummer seine Hände. Jetzt bereute er sein frevelhaftes Benehmen und klagte: »O hätte ich doch meinen Reichtum nicht so wichtig genommen!« Aber er hatte niemand, der ihm half, außer Gott, und er konnte sich auch selbst nicht helfen. In einer solchen Lage hat nur noch der einzige wahre Gott Freundschaft zu bieten. Bei ihm erhält man den besten Lohn und den glücklichsten Ausgang.
Dieses Gleichnis hörte Mohammed von Gott und erzählte es den Menschen zur Warnung.

Ein Angebot aus der biblisch-christlichen Tradition ist das Gleichnis vom vierfachen Ackerfeld (Matthäus 13,1–19). Hierzu eine Anregung zum Nacherzählen in freier Form[14]:

Der Bibel nacherzählt:
Micha ist ganz aufgeregt. »In ein paar Tagen wollen wir säen«, sagt der Vater, »und der Acker dort drüben am Hang, das ist diesmal deine Aufgabe!« Er bindet sich schon das große Tuch um, in das dann die Körner hinein kommen, tut aber jetzt zum Üben nur Sand hinein. Mit großem Schwung wirft er den Sand aus, bis er mit sich zufrieden ist. »So mache ich es«, denkt er sich, »und dann wird aus jedem Korn ein neuer Halm!« Er sieht vor seinem inneren Auge schon ein Getreidefeld, auf dem die vollen Ähren im Wind hin und her schaukeln. »Das ist mein Feld«, denkt er voller Stolz, »das wächst dann aus meiner Saat!«
Endlich ist es soweit. Micha fährt mit dem Korn hinaus, bindet sich das Tuch um und fängt an zu säen. Eine Handvoll nach der anderen wirft er auf das Feld, so dass sich die Körner gut verteilen. Das macht Spaß! Als alles fertig ist, ist es schon Abend. Zufrieden schaut er auf sein Werk. Morgen wird er mit dem Vater wiederkommen und den Boden umpflügen, so dass die Körner gut in das Erdreich eingebettet werden.
Aber als er am nächsten Tag wieder draußen ist, sieht er mit Schrecken, wie viele Vögel eifrig auf seinem Feld picken. Voller Zorn rennt er auf dem Feld umher und vertreibt sie. »Die haben mir alle meine Körner weg gefressen« jammert er. »Jetzt wird wohl nicht mehr viel wachsen. Das Saatgut ist weg, verloren!« »Ja«, sagt der Vater, »wo der Boden fest ist, so wie auf dem Weg, da liegen die Körner eben ungeschützt da. Damit muss man rechnen,

14 Harz, Frieder: Biblische Erzählwerkstatt, Lahr 2001, S.56f.

wenn man sät. Nächstes Mal kannst du ja besser darauf achten, dass nicht so viel auf den Weg fällt!« Dann machen die beiden sich an die Arbeit und ziehen mit dem Pflug ihre Furchen. Immer wieder muss Micha an all die Körner denken, die er umsonst gesät hat. Vor seinem inneren Auge ist das Ährenfeld nicht mehr so dicht und üppig. Und seine Freude ist auch nicht mehr groß. »Lass den Kopf nicht hängen«, ermuntert der Vater ihn, »da wird schon noch etwas aus deinem Feld! Komm, wir haben noch anderes zu tun!«

Einige Zeit später geht Micha wieder hinaus. Es hat inzwischen geregnet, und vielleicht sieht man schon kleine Hälmchen, die aus den Körnern gewachsen sind. Und wirklich, da sprießt es schon da und dort. »Na ja, da geht ja doch noch einiges auf«, sagt sich Micha zufrieden. »Da habe ich mir doch zu viele Sorgen gemacht!« Nach dem Regen folgen sonnige Tage, und Micha schaut wieder nach. Aber er erschrickt, als er sieht, dass viele Hälmchen welk und verdorrt daliegen. Enttäuscht geht er heim. »Na, wie sieht es denn auf deinem Feld aus?«, fragt die Mutter. »Was die Vögel übrig gelassen haben, das ist jetzt verdorrt«, antwortet er traurig. Alle Freude über seinen Acker ist dahin. »Was habe ich denn falsch gemacht«, fragt er, »dass auf meinem Feld nichts wächst?« Die Mutter versucht ihn zu trösten: »Wo der Boden ganz dünn ist, da können die Pflänzchen nicht in die Tiefe wachsen, und deshalb verdorren sie, wenn die Sonne scheint. Aber es gibt doch sicher noch genug andere, die gut gedeihen!« »Davon habe ich nichts gesehen« brummt Micha. In den nächsten Wochen hat er keine Lust, hinaus zu gehen.

Aber dann siegt doch die Neugierde. Beim Näherkommen leuchtet ihm schon viel Grün entgegen. Das gefällt ihm, und zufrieden tritt er an sein Feld. Aber dann erschrickt er wieder. Was da so grün her schaut, das sind ja gar nicht die Getreidepflänzchen, sondern das ist Unkraut. Es ist viel schneller gewachsen als die Saat und mit seinen großen Blättern nimmt es dem Getreide das Licht weg. Jetzt hat Micha endgültig genug von seinem Acker. Als er es der Mutter erzählt, meint die: »Da kann man nichts machen! Beim Ausreißen des Unkrauts würde man auch die Getreidepflanzen zertreten. Das muss jetzt so wachsen«. »Von diesem blöden Acker will ich nichts mehr wissen!« schreit Micha in seiner Enttäuschung. »Und Bauer will ich auch nicht werden!« Wie hatte er sich damals beim Säen gefreut, und jetzt ist alles vorbei. Er geht auch nicht mehr hinaus aufs Feld. »Da wächst ja doch nichts Gescheites!«, sagt er immer wieder. Der Traum von seinem dichten Ährenfeld, das er ganz allein gesät hat, ist endgültig ausgeträumt.

Die Monate vergehen und die Erntezeit ist nahe. Zufällig kommt Micha eines Tages wieder an seinem Acker vorbei. Und da steht er und kommt aus dem Staunen gar nicht mehr heraus. Ein reiches Getreidefeld steht da vor ihm mit vollen Ähren. »Das kann doch nicht mein Feld sein!«, denkt er sich ganz verwundert, aber es ist seines. Genauso, wie er es beim Säen mit seinem inneren Auge gesehen hatte. »Das gibt es doch nicht!«, sagt er laut, klatscht vor Freude in die Hände und rennt gleich heim. »Mutter, Vater! Mein Feld ist doch noch ein richtiges Getreidefeld geworden! Es steht genauso prächtig da wie die anderen auch! Gott sei Dank dafür!« – »In den nächsten Tagen schon können wir ernten«, sagt der Vater. Du wirst staunen, wie viele Körner aus deinem Feld kommen!« Jetzt freut sich Micha auf die Ernte genauso, wie er sich damals auf das Säen gefreut hatte.

Dazu können Lob- und Danklieder kommen, z.B. der Kanon: »Lobet und preiset ihr Völker den Herrn, freuet euch seiner und dienet ihm gern. All ihr Völker, lobet den Herrn!«
Und aus dem Geernteten kann nach den unterschiedlichen Koch- und Backtraditionen allerhand Gutes zum gemeinsamen Essen zubereitet werden.

Das religiös Fremde kennen lernen

Im christlichen Kindergarten sind bei religiösen Elementen überall da, wo das Gemeinsame nicht mehr trägt, die nichtchristlichen Kinder und Eltern in der Rolle der »religiösen Gäste«. Zum Schluss nun bedenken wir, wo diese Rollen umgekehrt werden können, wo christliche Kinder Erkundungen im anders-religiösen Bereich machen und dort die Rolle des religiösen Gasts erleben können.

Erzählungen

Das kann mit Erzählungen aus dem islamischen Zusammenhang beginnen. Günstig wäre es natürlich, wenn eine muslimische Erzieherin oder eine Mutter oder Vater solch eine Geschichte erzählen könnte. Im anschließenden Gespräch kann deutlich werden, wie Muslime in dieser Geschichte besonders zu Hause sind. Das könnte beispielsweise die Geschichte von Mohammeds Leben sein.

Mohammeds Leben

Zur Zeit des Mohammed (570–632 n.Chr.) war Mekka eine große Handelsstadt in Arabien. Die Anführer der bedeutendsten Familien bestimmten über die Geschicke der Stadt. Zu der vornehmsten Sippe der Qu-

raisch gehörte auch Abdalmuttalib. Er hatte in der Stadt großes Ansehen. Im Jahr 570 sollte er der Großvater eines noch viel bedeutenderen Enkelkinds werden.
Man erzählt, die Mutter Amina habe in einer Stimme vom Himmel gehört, dass ihr Sohn später großes Ansehen bekommen werde. Deshalb solle sie ihn Mohammed, d.h. der Vielgepriesene nennen.
Großvater Abdalmuttalib kümmerte sich nach der Geburt sehr um Mutter und Kind, denn Mohammeds Vater Abdallah war schon vor der Geburt gestorben. Er brachte das Kind zum Heiligtum, der Kaaba, und dankte Gott, dass er ihm dieses Enkelkind geschenkt hatte.
Bei dieser Sippe war es üblich, dass die Babys in den ersten Lebensjahren von Frauen aus Beduinenstämmen aus der Umgebung großgezogen wurden. In der Wüste, wo die Beduinen lebten, war die Luft viel reiner als in der staubigen Stadt. Auch Mohammed wurde einer Beduinenfrau, sie hieß Halima, übergeben und wuchs in ihrer Familie auf.
Man erzählt, dass Halima und ihr Mann arme Leute waren. Aber als sie Mohammed in ihre Familie aufnahmen, seien ihre Ziegen und Schafe prächtig gediehen und sie hätten es zu Wohlstand gebracht.
Nach ein paar Jahren kehrte Mohammed zu seiner Mutter zurück. Als er sechs Jahre alt war, starb auch sie. Sein Großvater nahm ihn zu sich und kümmerte sich liebevoll um ihn, aber er starb zwei Jahre später. Nun kam Mohammed zu seinem Onkel Abu Talib. Der war nicht reich, und deshalb musste Mohammed mit den anderen Kindern viel im Haushalt mithelfen. Er hütete die Schafe, Ziegen und Kamele. Alle waren zufrieden mit ihm, weil man sich auf ihn verlassen konnte. Die Leute nannten ihn deshalb oft Al Amin, das heisst »der Treue«.
Onkel Abu Talib arbeitete als Händler. Mekka lag an einer wichtigen Handelsstrasse, auf der die Kamel-Karawanen mit wertvollen Waren vorbeikamen. Und so war auch Abu Talib oft mit Karawanen unterwegs auf Geschäftsreisen. Das interessierte den jungen Mohammed sehr. Und weil er klug und gelehrig war, nahm ihn der Onkel schon bald auf seine Reisen mit. Dort lernte Mohammed immer wieder neue Leute kennen und hörte, was die Erwachsenen besprachen.
Man erzählt, ein frommer Einsiedler, der in der Wüste lebte, habe Abu Talib und seine Reisegruppe zu sich eingeladen und vorhergesagt, dass Mohammed später ein großer Prophet Gottes werde.
Bald war Mohammed als ein kluger Kaufmann bekannt. Seine Geschäfte, die er auch schon alleine durchführen durfte, brachten ihm gute Erfolge. Und die Leute rühmten vor

allem, dass er so zuverlässig und ehrlich war. Wo andere Händler schon mal einen anderen zu ihren Gunsten betrogen, da achtete Mohammed darauf, dass es gerecht zuging.
In Mekka lebte eine reiche Witwe, Chadidscha. Ihr Mann war Kaufmann gewesen, und sie suchte jemand, der sein Geschäft weiterführte. Sie stellte Mohammed in ihren Dienst und schätzte seine Arbeit sehr. Denn mit all dem, was er tat, konnte sie voll zufrieden sein. Mit den Karawanen zog er in andere Länder und kehrte mit guten Gewinnen wieder nach Mekka zurück. Wenn er fort war, fehlte sie ihm sehr, und beim Wiedersehen war die Freude groß. Die beiden fanden immer mehr Zuneigung zueinander, und so schlug die reiche Frau Chadidscha Mohammed vor, sie zu heiraten. Beide waren darüber sehr glücklich. Chadidscha hatte auch Freude daran, dass Mohammed wegen seiner Klugheit überall geschätzt wurde.
Man erzählt von einem guten Rat, den er einmal seinen Mitbewohnern gab. Das Heiligtum, die Kaaba, musste repariert werden. Zum Schluss brauchte man nur noch das kostbarste Stück, den schwarzen Stein, ins Mauerwerk hinein schieben. Aber wer sollte die Ehre bekommen, das zu tun? Alle Sippen der Stadt stritten sich um diese Aufgabe. Da schlug Mohammed vor, den Stein auf ein festes Tuch zu legen. Von jeder Sippe sollte einer mit das Tuch anfassen, um so gemeinsam den Stein in die Maueröffnung zu schieben. Der Streit war so geschlichtet und alle waren zufrieden.
Im Unterschied zu manch anderen Kaufleuten hatte Mohammed einen besonderen Blick für die Armen der Stadt. Es gab so viele Notleidende, um die sich niemand kümmerte. Immer wieder machte er sich Gedanken, wie man die Mitmenschen dazu bringen könnte, von ihrem Reichtum auch denen etwas zu geben, die nichts hatten. Und dann plagten ihn auch Zweifel, ob es richtig war, an verschiedene Gottheiten zu glauben. Gab es denn die arabischen Götter wirklich, deren Bilder im Heiligtum von Mekka angebetet wurden? Mohammed lernte auch Menschen kennen, die nur an einen Gott glaubten. Das gab ihm viel zu denken.
Jedes Jahr im Fastenmonat Ramadan zog sich Mohammed zum Fasten und Beten auf den Berg Hira zurück. Dort geschah eines Tages etwas ganz Besonderes mit ihm. Ein Engel erschien ihm, es war der Erzengel Gabriel. Du bist der Gesandte Gottes, sagte er zu ihm, hielt ihm ein Tuch mit Worten darauf hin und forderte ihn auf: »Lies!« »Aber ich kann doch nicht lesen« antwortete Mohammed erschrocken. Damals konnten nur ganz wenige Leute lesen und schreiben. Noch einmal forderte ihn der Engel ganz energisch auf, drückte ihm

das Tuch an den Hals, so dass er Angst bekam: »Lies!« Und dann hörte er in sich die Worte und sprach sie laut – Worte von Gott. Dann verschwand der Engel.
Verwirrt und unsicher blieb Mohammed länger als sonst auf dem Berg. Was war das gewesen? Ein Traum, ein Fieberwahn, ein böser Geist – oder wirklich der Engel Gabriel und der eine Gott? »Wo bist du so lange gewesen?«, fragte Chadidscha, als er nach Hause kam, und er erzählte ihr alles. Mit ihr konnte er bereden, was so seltsam für ihn war, und sie bestärkte ihn und machte ihm Mut: »Das war wirklich eine Botschaft von Gott! Du hast eine große Aufgabe vor dir!« Auch seinen Vetter Waraqa, ein frommer Mensch, weihte er in seine Erfahrungen auf dem Berg ein. Der bekräftigte ihn ebenfalls, dass der Engel wirklich von Gott, dem einen Gott, kam.
Immer wieder hatte Mohammed dann solche Begegnungen mit dem Engel. Manchmal hörte er die Worte von Gott auch ohne den Engel. Sie kündigten sich dann wie mit einem Glockengeläut an. Mohammed prägte sich diese Worte tief ein und veranlasste, dass sie aufgeschrieben wurden. Das sind die Suren (= Abschnitte) des Koran, der so entstand. Koran heißt »Lesung«, »Vortrag«. Drei Jahre lang erzählte Mohammed nur seinen engsten Freunden von seinen Erlebnissen. Zu ihnen gehörten auch sein Freund Abu Bakr, sowie Zaid, ein freigelassener Sklave und das Kind Ali, ein 10-jähriger Sohn seines Onkels Abu Talib.
Dann spürte Mohammed deutlich den Auftrag, auch den anderen Mitmenschen von seinen Begegnungen mit dem einen Gott, mit Allah zu erzählen: »Die vielen Götter, an die ihr glaubt, sind wertlos«, verkündete er. Es gibt nur den einen Gott, schon von Anfang der Welt an. Und dieser Gott hat bereits vor langer Zeit seine Boten zu den Menschen geschickt, damit sie an ihn glauben. Aber die Menschen haben diese Botschaft immer wieder vergessen. Und jetzt habe ich den Auftrag, sie euch noch einmal ans Herz zu legen. Glaubt an den einen Gott, verlasst die alten Götter! Und der eine Gott, Allah, will, dass alle Menschen in Frieden und Gerechtigkeit miteinander leben. Betrügt niemand, lasst die Armen nicht im Stich, gebt ihnen von eurem Reichtum! Gott wird es euch lohnen!«
Aber diese Worte gefielen den Leuten von Mekka überhaupt nicht. »Da kommen viele Pilger zu uns nach Mekka, um am Heiligtum, an der Kaaba, die arabischen Götter zu verehren. Und denen sollen wir sagen, dass es diese Götter gar nicht gibt? Das ist doch Unsinn!« – »Mit den Pilgern verdienen wir unseren Lebensunterhalt«, sagten andere, »Mohammed vertreibt uns noch die Pilger, und wir sind arbeitslos!« Und wieder andere, beson-

ders die Reichen, meinten: »Warum sollen wir unser Geld mit den Armen teilen? Die sollen sich doch selbst darum kümmern, dass sie mehr verdienen! Wahrscheinlich will sich Mohammed nur bei den Armen beliebt machen!« Tatsächlich waren es vor allem Menschen aus den ärmeren Schichten, die sich für Mohammeds Worte interessierten. Regelmäßig trafen sie sich draußen vor der Stadt, zwischen großen Felsen in einer Schlucht, um zu dem einen Gott zu beten. Und es wurden immer mehr. Es gab viele, die lieber den einen Gott Allah verehrten als die alten Götter. Weil Mohammed zum Stamm der Quraisch gehörte und sein Onkel Abu Talib großes Ansehen genoss, wagten die Gegner zuerst nicht, Mohammed und seine Freunde zu bedrängen. Sie redeten nur immer wieder auf Abu Talib ein: »Bring doch den Mohammed dazu, dass er mit seinem seltsamen Gerede aufhört!« Und zu Mohammed sagten sie: »Wenn du vernünftig bist, kannst du gerne unser Freund sein. Und wir helfen dir dann auch, dass du in deinem Handelsgeschäft viel Erfolg hast!« Aber Mohammed ließ sich nicht beirren.

Dann wurden die Menschen von Mekka böse und machten den Muslimen, so hießen die Freunde und Anhänger des Mohammed, das Leben schwer. In den Geschäften wurde ihnen nichts verkauft, auf den Straßen ging man ihnen aus dem Weg und redete nicht mit ihnen. Schließlich mussten sie aus der Stadt Mekka ausziehen und jahrelang in der Einöde leben. Da brachte jemand Nachricht vom König des Landes Abbessinien, der auch an den einen Gott glaubte. »Der ist unsere Rettung«, sagten sie. Über achtzig Familien machten sich auf den Weg nach Abbessinien und wurden dort tatsächlich aufgenommen.

Man erzählt, dass die Quraisch-Sippe von Mekka Gesandte zum König von Abbessinien schickten, reich bepackt mit Geschenken, um ihn vor den Muslimen zu warnen. Sie kamen und sagten dem König: Mohammed hat eine neue Religion erfunden. Du glaubst zwar auch an den einen Gott, weil du ein Christ bist, aber Mohammed bringt mit seiner Lehre alles durcheinander. Schicke die Muslime wieder weg!« Der König ließ von seinen Gelehrten die Worte des Koran prüfen, und die meinten: »Diese Lehre bringt nichts durcheinander!« Da schickte der König statt dessen die Leute aus Mekka wieder weg und sagte noch: »Nehmt eure Geschenke alle wieder mit! Ich will sie nicht haben!«

Mohammed und seine Familie blieben in Mekka, aber das Leben wurde immer schwerer. »Wie soll es nur weitergehen?«, fragten sich Mohammed und Chadidscha immer wieder. Dann starb Chadidscha und kurz darauf auch Abu Talib, und Mohammed fühlte sich sehr einsam. War er von Gott verlassen? War

alles, was er gesagt und getan hatte, umsonst? Wer konnte ihm jetzt noch Schutz geben?
Man erzählt, dass die Leute von Mekka nun versuchten, Mohammed umzubringen. »Aber wer soll die Schuld auf sich laden?«, fragten sie sich. »Wir machen es so ähnlich, wie es uns Mohammed mit dem schwarzen Stein der Kaaba gezeigt hat«, meinten sie dann. »Wir wählen aus jeder Sippe einen aus, und diese Männer sollen gleichzeitig auf Mohammed einschlagen. Dann muss niemand die Schuld alleine tragen!«
Mohammed gelang die Flucht, aber er wurde von den Leuten aus Mekka verfolgt. Unterwegs versteckte er sich in einer Höhle. Als die Verfolger dort ankamen, hatte eine Spinne ein großes Netz vor den Eingang der Höhle gespannt. Ein Vogel hatte sein Nest dort gebaut, Bäume hatten dichte Blätter wachsen lassen. »Da ist bestimmt niemand drin«, meinten die Verfolger und zogen weiter.
Was Mohammed in dieser schlimmen Zeit weiterhalf, waren Erlebnisse wie im Traum, die ihm neuen Mut und neue Kraft gaben. Man erzählt, dass der Engel Gabriel zu Mohammed kam und ihn mit auf eine große Reise nahm. Sie setzten sich auf das Tier Buraq, ein Reittier mit Flügeln, das sie blitzschnell nach Jerusalem brachte. Dort begegnete Mohammed Abraham, Mose und Jesus, die doch alle nicht mehr auf der Erde weilten und sprach mit ihnen.
Ein andermal sah Mohammed eine Leiter vor sich, die bis in den Himmel reichte. Wieder erschien ihm der Engel Gabriel. Sie stiegen die Leiter empor bis zum Himmelstor und wanderten durch die Räume des Himmels. Dort begegnete Mohammed Ibrahim (= Abraham), Musa (= Mose), Isa (= Jesus) und anderen und führte mit ihnen Gespräche über den Glauben.
Es musste etwas geschehen! So konnte es mit den Muslimen in Mekka nicht weitergehen. Da erinnerte sich Mohammed daran, dass er Verwandte in der Stadt Yathrib hatte. Diese Stadt war etwa 300 km entfernt, in einer Oase in der Wüste. Die Leute dort waren nicht reich und lebten dort vor allem als Bauern. Auch sie hatten schon früher von dem einen Gott gehört. Die müssten doch Verständnis für ihn und seine Anhänger haben! So entschlossen sich die Muslime, die noch in Mekka lebten, in die Stadt (Stadt = Medina) in der Wüste zu ziehen. Zu ihrer Erleichterung wurden sie dort freundlich aufgenommen. Die Rettung aus großer Not, der Auszug (Hidschra) aus Mekka (im Jahr 622) bedeutete den Muslimen so viel, dass sie dieses Jahr zum Jahr 1 ihrer Zeitrechnung machten.
Man erzählt, dass Mohammed sich gut überlegte, ob er die Gastfreundschaft einer Fami-

lie annehmen und bei ihr wohnen sollte. Würde das nicht den Neid der anderen wecken? Deshalb setzte er sich auf sein Kamel, ließ ihm freien Lauf und wartete, bis sich das Kamel an einer Stelle in der Stadt niederließ. Dort lebte Mohammed zuerst unter freiem Himmel, baute dann ein Gebetshaus (= Moschee) und ein Wohnhaus für sich daneben.

Mohammed wurde in Medina sehr geachtet. Er sorgte dafür, dass die Flüchtlinge aus Mekka und die eingesessenen Bürger von Medina gut zusammenleben konnten. Wenn es Streit unter Familien und Sippen gab, war er ein kluger Vermittler. »Wenn wir an den einen Gott glauben«, verkündete er, dann gehören wir alle zusammen, dann sind wir wie Brüder und Schwestern. Dann fällt es uns auch nicht schwer, uns gegenseitig zu helfen und mit den Armen zu teilen.« Und Mohammed verkündete Regeln für das Zusammenleben, die auch in die Schriften des Koran aufgenommen wurden.

Man erzählt, dass Mohammed nach einem Signal suchte, mit dem man die Menschen täglich daran erinnern könnte, ihr Gebet zu dem einen Gott zu verrichten. Man könnte doch mit Holzklappern durch die Straßen ziehen, meinten die einen. Aber einer der Freunde hatte eine bessere Idee: »Wir bauen neben die Moschee einen hohen Turm, das Minarett, und auf ihm soll einer (der Muezzin) zu den Gebetszeiten ganz laut rufen: Ich bekenne, dass es keinen Gott gibt außer Gott! Ich bekenne, dass Mohammed der Gesandte Gottes ist! Dann werden die Leute auch gleich daran erinnert, was für ihren Glauben am wichtigsten ist.« Mohammed gefiel dieser Vorschlag so gut, dass er gleich in die Tat umgesetzt wurde.

Die Jahre vergingen. Es gab Zeiten der Not, in denen die Leute von Mekka versuchten, Medina zu überfallen. Aber Medina war eine starke Stadt geworden. Und es gab Zeiten, in denen die Leute aus Medina nach Mekka zogen, um sich dort Beute zu holen. Schließlich gelang es, die Bewohner beider Städte miteinander zu versöhnen. Mohammed wurde als der Führer beider Städte angenommen und geschätzt. Und er fand offene Ohren für seine Verkündigung: Wir alle sollen den einen Gott verehren, und als seine Geschöpfe sind wir Schwestern und Brüder.

Zum Weiterlesen:

Miehl, Melanie: Basiswissen Mohammed, Gütersloh 2000.

Besuche

Ein Besuch bei einer muslimischen Familie lässt christliche Kinder als religiöse Gäste vielleicht den Vollzug des islamischen Ge-

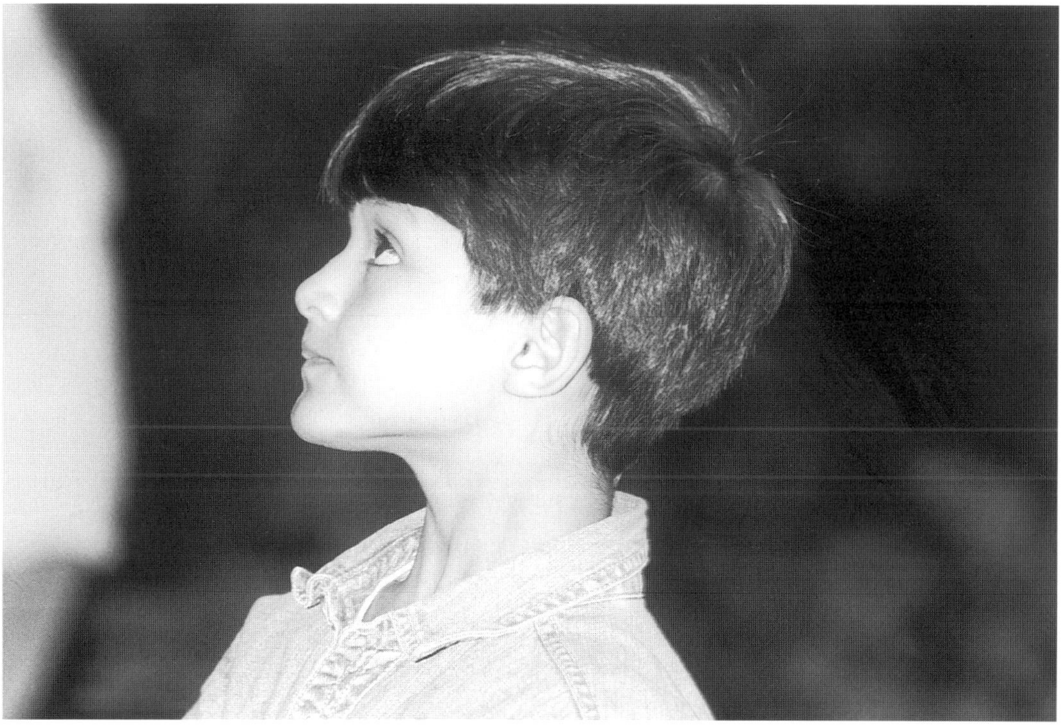

bets erleben. Im Blick auf die unterschiedlichen Rollen gilt es diesen Besuch vorzubesprechen und sich auch nachher darüber auszutauschen (▶ S. 61 f.).

Das rituelle Gebet, das nach den Regeln des Koran fünfmal am Tag zu verrichten ist, beginnt mit der Reinigung: Dreimal werden die Hände gewaschen, dreimal wird mit Wasser aus der rechten Hand der Mund gespült, dann werden Nase, Gesicht, Hals und Ohren gereinigt und schließlich die Arme bis zu den Ellenbogen und die Füße bis zu den Knöcheln gewaschen. Das Gebet selbst ist durch die Abfolge von Aufrechtstehen, Verneigen, Niederwerfen zu Boden, Knien bestimmt. Dabei blicken die Betenden in Richtung Mekka. Es beginnt im Stehen: die Hände werden zur Körpermitte geführt und die rechte Hand über die linke Hand gelegt. Die

Betenden kommen zur Ruhe. Dann werden die Hände an die Ohren gelegt, zu den Worten *Allahu akbar = Gott ist groß*. Mit übereinander gelegten Händen werden nun zwei Suren des Koran gebetet. Es folgen Verbeugungen zu den Worten: »Preis meinem Herrn, dem Allergrößten«. Im Knien wird bekannt: Allahu akbar. Die Stirn wird zweimal bis zum Teppich gebeugt, mit den Worten: »Preis meinem Herrn, dem Allerhöchsten«. Beim Aufstehen wird wieder das »Allahu akbar« gsprochen, und dann auf den Fersen sitzend das islamische Glaubensbekenntnis: »Ich bezeuge, dass es keinen Gott gibt außer Gott, und ich bezeuge, dass Mohammed sein Diener und Gesandter ist«, und sodann noch »O Gott, segne Mohammed und die Anhänger von Mohammed«. Mit der Wendung des Gesichts nach links und rechts wird den Menschen Frieden und Segen gewünscht: »As-salamu alaikum wa rahmatu Ilah«.

Besuch in einer Moschee

Höhepunkt solcher Begegnungen ist sicherlich der Besuch einer Moschee.[15] Von den Moscheen in islamischen Ländern kennen wir die spitzen, schlanken Türme, die Minarette. Von ihnen aus ruft der Muezzin die Gebetszeiten aus. Bei uns sind sie höchstens als niedrige Türmchen angedeutet, und der Muezzin wird nur im Inneren der Moschee tätig. Das Wort Moschee (= Ort der Niederwerfung zum Gebet) bezeichnet den Raum, in dem gemeinsam das vom Koran vorgeschriebene rituelle Gebet vollzogen wird. Zwar kann ein Moslem überall dieses Gebet verrichten, aber wichtig ist auch die Gemeinschaft der Beter.

Wo Moslems in der Minderheit sind, da ist die Moschee nicht nur Gebetsraum, sondern Versammlungsort in einem viel weiteren Sinne. Neben dem eigentlichen Gebetsraum finden wir Aufenthalts- und Gruppenräume, Ecken zum Plaudern und Tee trinken, Büroräume, die Bibliothek und auch die Räume für den Koran-Unterricht.

Am Freitag kommen die Muslime zum gemeinschaftlichen Gebet zusammen. Gemäß den Reinigungsvorschriften des Korans müssen zuerst Hände, Füße und das Gesicht gewaschen werden. Dazu finden wir eine Brunnenanlage mit vielen Wasserhähnen. Da sich die Reinheitsvorschriften auch auf den Boden beziehen, werden wir höflich aufgefordert, die Schuhe auszuziehen und in die vorfindlichen Regale zu stellen.

So treten wir in den ganz mit Teppichen ausgelegten Raum ein. Es gibt keine Stühle und Bänke, wir lassen uns auf dem Boden nieder. Die Vorderwand des Raums zeigt die Gebetsrichtung an, die immer nach Mekka weist. In

[15] Goecke, Margarete Luise und Harz, Frieder: Komm, wir entdecken eine Kirche, München 2001, S.132ff.

ihr befindet sich eine Nische (Mihrab), von der aus der Imam, das ist der Vorsteher der Gemeinde, das Gebet leitet. An der Wand sehen wir auch eine Treppe (Minbar), an deren Ende ein Stuhl (Kürsi) steht. Von dort aus hält der Hatib am Freitag oder an Festtagen eine Ansprache an die Versammelten. Aber das Wichtigste ist das Gebet, das nicht nur gesprochen, sondern von Körperbewegungen begleitet wird.

Aufgabe des Muezzins ist es, immer wieder mit lauter Stimme die Lobpreisungen Gottes zu sprechen. Für ihn ist das Podest (Daqqa) bestimmt, von dem aus er die ganze Gemeinde im Blick hat. Dass die Moschee eine Gebetsstätte ist, zeigen uns auch die aufgehängten Gebetsketten (Tesbihs). Die Betenden nehmen sie in die Hand und wandern mit den Fingern von Perle zu Perle. Für die Lesungen aus dem Koran finden wir einfache Lesepulte.

Die Moschee hat keinen Altar, keine Orgel, keine Bilder. Als Schmuck dienen verzierte Leuchter und an den Wänden geometrische Figuren oder auch Sätze aus dem Koran in prächtig gestalteter arabischer Schrift. Oft finden wir im Gebetsraum auch eine Galerie. Wenn der Gebetsraum nur von den Männern betreten werden darf, ist dort Platz für die Frauen.

Kapitel 5
Religionen im Überblick

Orthodoxes Christentum

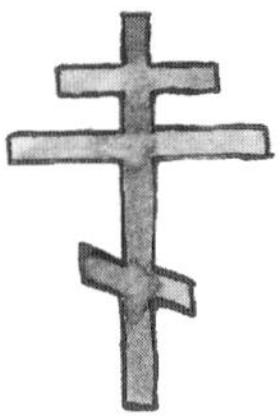

Von den christlichen Konfessionen sind in Deutschland weithin nur die katholische und die evangelische bekannt. Dass es weltweit über 100 Millionen orthodoxe Christen gibt – vor allem in Süd- und Südosteuropa, rückt für viele erst ins Blickfeld, wenn Eltern aus Griechenland und dem Gebiet des ehemaligen Jugoslawien ihre Kinder in der Tageseinrichtung anmelden.

Orthodox (griechisch: orthos = richtig; dokeo = glauben und bekennen) bezeichnet den Glauben, der im rechten Lobpreis Gottes geschieht, so wie er im kirchlichen, gottesdienstlichen Leben seinen Ausdruck findet.

Geschichtliches

Zur Trennung zwischen der römisch-katholischen und den griechisch-orthodoxen Kirchen kam es Anfang des zweiten Jahrtausends in der Folge von theologischen Lehrstreitigkeiten und politischen Auseinandersetzungen. Der Gegensatz wuchs mit der zunehmenden Bedeutung des Papsttums als Leitung der römisch-katholischen Kirche und auch mit den Verwüstungen, die das christliche Kreuzfahrerheer beim vierten Kreuzzug bei den orthodoxen Christen anrichtete. Seit vielen Jahren gibt es Gespräche zwischen allen drei Konfessionen mit dem Ziel, Trennendes zu überwinden.
Die eine orthodoxe Kirche, deren Einheit der Ökumenische Patriarch von Konstantinopel repräsentiert, erscheint in etlichen selbstständigen Kirchen, die untereinander Glaubens- und Gottesdienstgemeinschaft und auch dasselbe Kirchenrecht pflegen.

Glaubenspraxis

Die Überlieferung des Glaubens geschah und geschieht weniger in theologischen Lehren und deren Weiterentwicklung als im gottesdienstlichen Leben, auf der Basis des allen christlichen Kirchen gemeinsamen Glaubensbekenntnisses. In der Bewahrung der Glaubenspraxis haben die vielen orthodoxen Klöster große Bedeutung. Aus ihnen gehen die Bischöfe hervor, während Priester verheiratet sein dürfen, sofern die Eheschließung vor der Priesterweihe erfolgte.

Im Gottesdienst wird das Geheimnis des Glaubens gefeiert, das unsere Verstehensmöglichkeiten übersteigt. Das zeigt schon die Gestaltung des Kirchenraums. Er ist in verschiedene Zonen unterteilt: äußerer Vorraum (= Exonarthex), innerer Vorraum (= Narthex), Kirchenschiff, Altarraum, und der Altarraum ist durch eine Wand mit vielen Heiligen-Ikonen (= Ikonostase) vom Raum der Gemeinde getrennt. Auch das verdeutlicht die Intention des Gottesdienstes, Feier des göttlichen Geheimnisses zu sein.

Das Wort Gottes ertönt in einer Fülle von Gesängen und Gebeten. Mit ihnen haben die orthodoxen Kirchen die Gottesdienstordnung der frühen Christenheit am genauesten bewahrt. Der Gottesdienst ist auch reich an symbolischen Elementen. Beim Betreten der Kirche werden Kerzen entzündet und die Ikonen begrüßt. Kommen und Gehen während des Gottesdienstes wird dabei nicht als störend empfunden. Aber die Hände auf dem Rücken zu halten wird als ein Zeichen grober Geringschätzung gedeutet.

Bei der Eucharistiefeier – orthodoxe Christen gehen in der Regel nur an den hohen Feiertagen zur Kommunion, und es wird vorher geistliche Vorbereitung durch Fasten, Gebet und Beichte erwartet – wird immer Brot *und* Wein ausgeteilt. Das Brot wird in den Kelch mit dem Wein gelegt und dann mit einem kleinen Löffel ausgeteilt. Mit Christen anderer Konfessionen besteht allerdings keine Abendmahlsgemeinschaft. Sie können aber durchaus das gesegnete Brot, das bei der Kommunion übrig blieb und nach dem Gottesdienst verteilt wird (Antidoron), in Empfang nehmen.

Große Bedeutung in der orthodoxen Frömmigkeit haben die Ikonen (eikon = Bild). Sie sind in den Kirchen wie in den Andachtsecken der Wohnungen aufgestellt. Auf Holztafeln sind Christus, die Gottesmutter, Heilige auf Goldgrund gemalt. Die Herstellung von Ikonen unterliegt genauen Bestimmungen, die sich sowohl auf das Bildprogramm als auch auf die Frömmigkeit der Maler beziehen. Wenn orthodoxe Christen sich vor Ikonen bekreuzigen und sie küssen, dann hat es den Anschein, als würden die Ikonen selbst verehrt. Aber diese Ehrenbezeigungen gelten nicht dem Bild selbst, sondern den Personen, auf die sie verweisen. Ikonen sind so wie Fenster, welche die Sinne und Gedanken zur himmlischen Wirklichkeit hin öffnen und die so Menschen mit Christus und den Heiligen verbinden.

Feste

Das gottesdienstliche Leben des Kirchenjahres mit seinen festlichen Höhepunkten prägt auch das Privatleben der Gläubigen. Die Festzeiten, vor allem Ostern, aber auch

Weihnachten, das Fest der Apostel Petrus und Paulus (29. Juni) und der Gedenktag des Entschlafens der Gottesmutter (15. August – eine Himmelfahrt Mariens lehren die orthodoxen Kirchen nicht) werden durch Fastenzeiten vorbereitet.

- **Ostern** ist das bedeutendste Fest. Manchmal unterscheidet sich das Datum von unserem Ostertermin, nämlich wenn es gelegentlich erst am Sonntag nach dem zweiten Frühlingsvollmond gefeiert wird. Zum österlichen Brauchtum gehören auch Ostereier (v.a. rote), Osternester und Ostergebäck.
- **Weihnachten** wird wie bei uns am 25. Dezember gefeiert. Wegen unterschiedlicher Kalenderregelungen fällt dieser Tag aber in manchen orthodoxen Kirchen, vor allem in der russisch-orthodoxen Kirche, auf den 7. Januar.
- Das **Fest des hl. Wassilius** ist der 1. Januar. Am Tag vorher ziehen die Kinder singend von Haus zu Haus und werden beschenkt.
- Der **Taufe Jesu** wird am 6. Januar gedacht. Das ist einer der höchsten kirchlichen Feiertage. Wohnräume werden an diesem Tag mit hl. Wasser geweiht.

Glaube im Lebenslauf

Bei der **Taufe** ist bemerkenswert, dass der Säugling (Taufen von Erwachsenen sind selten) dreimal ganz untergetaucht wird – der Bezug zur Taufe Jesu im Jordan wird so ganz deutlich. Mit der Taufe erfolgt die Salbung und dann oder kurz danach wird auch schon dem Säugling erstmals die Eucharistie gereicht. Auch später bringen Eltern oft ihre kleinen Kinder zur Kommunion. Die westliche Praxis der Firmung oder Kommunion ist unbekannt. Die Taufe wird in der Regel als großes Familienfest gefeiert, und das Patenamt wird sehr ernst genommen. Taufpaten können aber nur orthodoxe Christen sein. Je nach den örtlichen Traditionen wird entweder der **Geburtstag** oder der orthodoxe **Namenstag** gefeiert.

Die **Ehe** ist ein Sakrament, und eine orthodoxe Trauung kann nur von einem orthodoxen Geistlichen vollzogen werden, wobei aber – wie bei der Taufe – ein nichtorthodoxer Geistlicher am Schluss des Gottesdienstes ein Gebet, eine Bibellesung oder auch eine Predigt anschließen kann. Trauungen zwischen orthodoxen und nichtorthodoxen Christen sind eigentlich nicht zulässig, aber nach Einzelfallregelung möglich.

Zum Weiterlesen:

Basdekis, Athanasios: Die orthodoxe Kirche, Frankfurt am Main 2001.

Judentum

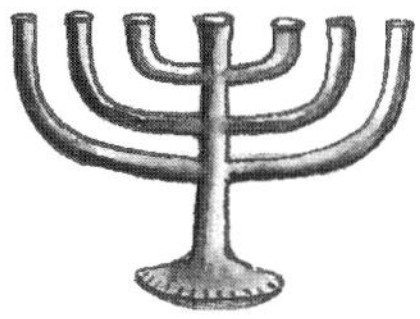

Obwohl jüdische Kinder eher selten in Kindertagesstätten anzutreffen sind, gehört das Judentum zu den für uns wichtigsten Religionen aus folgenden Gründen unbedingt mit dazu:

Das Judentum ist die dem Christentum am nächsten stehende Religion. Jüdische Glaubenstraditionen sind der Wurzelgrund des christlichen Glaubens. Jesus war Jude. In der Hebräischen Bibel, dem Alten Testament, gründet auch der christliche Glaube. Christen sollten um diese Zusammenhänge wissen und einander als nächste Verwandte im Glauben wahrnehmen.

Das Verhältnis von Christen und Juden ist belastet durch Verfolgung, Vertreibung und Ermordung von Juden in ganz Europa. Im 20. Jahrhundert erreichte der Antisemitismus in unserem Land ein unvorstellbares Ausmaß. Zu einer christlich-religiösen Erziehung gehört deshalb auch, besonders sensibel darauf zu achten, in welchem Licht jüdischer Glaube erscheint.

Gemäß biblischer Überlieferung gehört zu den zwölf Stämmen des Volkes Israel auch der Stamm **Juda.** In der Zeit der späteren Könige stand dem Nordreich Israel das Südreich Juda gegenüber. Über die Zeit des babylonischen Exils hinweg blieb in ihm der Glaube Israels lebendig.

Vom Glauben reden

Mit dem Alten Testament, der hebräischen Bibel, haben Judentum und Christentum eine breite Basis gemeinsamer Vorstellungen von dem Gott, der sein Volk erwählt und mit ihm einen Bund geschlossen hat. Die Psalmen sind gemeinsames Gebetbuch der Juden und Christen.

In der jüdischen Theologie wird dem Menschen Jesus, seinem Reden und Wirken weithin großer Respekt entgegen gebracht. Was Juden und Christen aber trennt, ist der Glaube an Jesus Christus, den Gott von den Toten auferweckt hat, und der als der lebendige Herr seiner Gemeinde mitten in ihr ist. Christen rufen ihn neben Gott, den Vater, auch im Gebet an. In der christlichen Theologie werden viele Aussagen des Alten Testaments als Hinweise auf Jesu Kommen ausgelegt.

Zu vermeiden ist, dass beim Erzählen von Jesusgeschichten in Schwarz-Weiß-Malerei die Juden als Feinde Jesu dargestellt werden. Zu unterscheiden ist:

a) Jesu Verhältnis zu den »Pharisäern und Schriftgelehrten«. Es war von vielen gemeinsamen Überzeugungen bestimmt, dabei auch von – nicht ungewöhnlichen – Diskussionen und Lehrstreitigkeiten. Jesu Gleichnisse etwa ähneln sehr der jüdischen Lehrtradition,
b) das Verhalten der Priesterschaft des Tempels in Jerusalem, die zusammen mit der römischen Obrigkeit um der politischen Ordnung willen auch die Verurteilung eines religiösen »Unruhestifters« in Kauf nahm. Zu betonen ist auch, dass das Todesurteil gegen Jesus von den Römern gefällt wurde.

Feste

Der jüdische Festkreis ist am Mondzyklus orientiert. Da das Mondjahr um elf Tage kürzer ist als das Sonnenjahr, wird etwa alle drei Jahre ein Ausgleichsmonat (Adar II) eingeschoben. Das macht die Bestimmung der jüdischen Festtage etwas schwierig. Die jüdische Zeitrechnung setzt bei der Erschaffung der Welt an, die auf das Jahr 3760 v. Chr. datiert ist.

- **Passa (Pessach):** Es erinnert an den Auszug aus Ägypten und wurde zum wichtigsten Fest. Passa ist auch das Hauptfest der jüdischen Familie. Feierlich begeht sie das Passamahl, bei dem die Speisen an diesen Auszug erinnern (ungesäuertes Brot; Bitterkräuter etc.). Das Abendmahl der Christen hat seinen Ursprung in dem Passamahl, das Jesus mit seinen Jüngern vor seinem Tod feierte.
- **Wochenfest (Schawuot):** Sieben Wochen später – und damit auch in Nähe zum

christlichen Pfingstfest – wird dieses Fest zur Erinnerung an die Offenbarung Gottes am Sinai (2. Mose 19–20) gefeiert.

- **Laubhüttenfest (Sukkot):** Es liegt im Herbst, und es hält die Erinnerung an die Wüstenwanderung wach. Darum halten sich fromme Familien mehrere Tage in selbst errichteten Hütten auf.
- **Neujahr (Rosch ha-Schana):** Im Herbst beginnt auch das neue Jahr. Die Töne des Widderhorns, die an diesem Tag erklingen, erinnern an den Widder, den Abraham an Stelle seines Sohnes Isaak geopfert hat (1.Mose 22).
- **Versöhnungstag (Jom Kippur):** Er wird mit großem Ernst als Fasttag begangen. In biblischer Zeit war dies der einzige Tag im Jahr, an dem der Hohepriester das Allerheiligste im Tempel betrat. Die Sünden des Volkes wurden symbolisch einem Bock aufgeladen, den man dann als »Sündenbock« in die Wüste schickte (3. Mose 16,21–22).
- **Chanukka (Tempelweihe, Lichterfest)** Dieses Fest im November / Dezember erinnert an die neue Weihe des Tempels 164 v. Chr. Dazu wird der achtarmige Chanukkaleuchter entzündet. Im christlichen Umfeld hat es manche Züge des Weihnachtsfestes (Grüße, Geschenke) angenommen.
- **Purim:** Das fröhliche Fest im Februar / März erinnert an die Rettung vor einer Judenverfolgung durch die Königin Esther. Genaueres ist in der Bibel im Buch Esther nachzulesen. Als Fest der Kinder hat es karnevalistische Züge angenommen.

Alltag

Prägend für jüdisches Selbstverständnis ist die Orientierung an den Geboten, die Mose nach der Überlieferung direkt von Gott in Empfang genommen hat (2. Mose 20). Aus ihnen wurde in einem lebendigen Auslegungsprozess ein Gefüge verpflichtender Regeln entwickelt, die dem Leben der Menschen und ihrem Zusammenleben mit anderen eine gute Ordnung geben.

Die *Tora* (= Weisung) besteht aus den 10 Geboten und einem Kreis weiterer 603 in der Bibel überlieferter Pflichten. Deren Auslegungen wurden im 2. Jh. n. Chr. in der *Mischna* niedergelegt. Sie führten später zur Entstehung der *Gemara*, die zusammen mit der Mischna den *Talmud* (= Lehre) bildet. Solche überlieferten Ordnungen regeln z.B. auch das Essen. Für die »koschere« Küche ist der Verzicht auf unreine Tiere (z.B. Schalentiere) und die strikte Trennung von Milch und Fleisch kennzeichnend.
Den Alltag unterbricht der siebte Tag, der Ruhetag, der *Sabbat* (2. Mose 20,8–11; 5. Mose 5,14). Er dauert vom Sonnenuntergang am Freitag bis zu dem am Samstag. Seit der Zerstörung des Tempels von Jerusalem

(70 n.Chr.) hat sich das Bewusstsein, dem Judentum anzugehören, in besonderer Weise an der Feier des Sabbat samt dem konsequenten Verzicht auf Arbeit festgemacht. In der häuslichen Sabbatfeier findet jüdische Frömmigkeit ihren besonderen Ausdruck. Kerzen begrüßen und verabschieden den Sabbat, und ihn prägt das festliche Sabbatmahl.
Die frühen Christen feierten den Tag nach dem Sabbat, den Auferstehungstag Christi, als wöchentlichen Festtag. Noch bis vor wenigen Jahren stand im Kalender der Sonntag als der erste Tag der Woche.

Gebet und Gottesdienst

Jüdisches Beten ist traditionell mit mancherlei Riten verbunden. Am wichtigsten sind der Gebetsmantel, die Kopfbedeckung, Gebetskapseln an Armen und Kopf. Kerngebet und zugleich Bekenntnis des Glaubens ist das *Schma' Jisrael*: Höre, Israel, der

HERR ist unser Gott, der HERR ist einer (5. Mose 6,4). Das gottesdienstliche Hauptgebet (Achtzehnbittengebet) weist etliche Bezüge zum Vaterunser auf.
Der Gottesdienstraum, die Synagoge ist vom Umgang mit der Bibel bestimmt. An der Stirnwand birgt der reich verzierte Tora-Schrank die kostbaren Schriftrollen, auf denen in sorgfältiger Handschrift und in hebräischer Sprache die biblischen Texte aufgezeichnet sind. Im Gottesdienst werden die jeweiligen Torarollen aus dem Schrank gehoben, feierlich zur Estrade gebracht und geöffnet. Um sie beim Lesen nicht zu beschmutzen und aus Ehrfurcht vor der Bibel wird nicht mit dem Finger der Text verfolgt, sondern mit einem meist als Hand geformten Zeiger (Jad). Zum Vorlesen aus der Tora kommt die Auslegung der Bibel durch den Rabbiner hinzu. Die Synagoge ist auch der Ort des Gebets. Vor dem Toraschrank steht das Pult des Vorbeters und Kantors, denn viele Gebete werden im jüdischen Gottesdienst gesungen. Eine Orgel gibt es dort aber nicht und auch keinen Altar. Bei schmückenden Abbildungen ist streng darauf geachtet, dass nirgendwo Gott bildlich dargestellt wird.

Glaube im Lebenslauf

- **Beschneidung und Namensgebung:** In der Regel am 8. Tag nach der Geburt wird den jüdischen Knaben die Vorhaut beschnitten, als Zeichen der Zugehörigkeit zum Bund Gottes mit seinem Volk. Das geschieht im Rahmen eines Familienfestes mit Geschenken. Für Jungen und Mädchen findet die Namensgebung meist am ersten Sabbat nach der Geburt in der Synagoge statt.
- **Bar-Mizwa und Bat-Mizwa-Feier:** Hat ein jüdischer Junge mit 13 Jahren die Religionsmündigkeit erreicht, dann ist er zur Einhaltung aller Gebote der Tora verpflichtet und darf erstmals im Synagogengottesdienst die Toralesung vollziehen (Bar Mizwa = Sohn der Pflicht). Analog feiern Mädchen die Bat-Mizwa.
- **Hochzeit:** Unter einem Trauhimmel, einem mit vier Stangen getragenen Baldachin, findet die Trauung statt. Nach dem Segensspruch wird der Ehevertrag verlesen. Das Zerbrechen eines Glases erinnert an die Zerstörung des Tempels in Jerusalem.
- **Sterben und Tod:** Die letzten Worte eines Menschen sollen das Bekenntnis zu dem einen Gott sein. Bei der Beerdigung und beim Grab wird auf Schmuck verzichtet, zum Zeichen dafür, dass im Tod alle Menschen gleich sind. Beim Besuch des Grabes werden auf Grabstein oder -platte Steine gelegt.

Strömungen

Als sich im Mittelalter jüdisches Leben auf Europa konzentrierte, gab es zwei Strömungen: das *sefardische* Judentum in Spanien und im Vorderen Orient einerseits und das *aschkenasische* in Frankreich und Deutschland und weiter im Osten Europas andererseits. Besonderheiten im Gottesdienst und das Jiddisch der aschkenasischen Juden, eine Art deutscher Dialekt, unterscheiden diese Gruppen.

Heutiges Judentum ist aber viel mehr durch die Differenzierung in orthodoxes, konservatives und Reformjudentum gekennzeichnet. Orthodoxe Juden beachten streng die Weisungen der Tora. Bestrebungen in der Neuzeit, vor allem in der Zeit der Aufklärung, das System der vielen Verhaltensvorschriften zu liberalisieren, führten zum Reformjudentum, das heute hauptsächlich in den USA vertreten ist (z.B. Gottesdienst in der Landessprache, Verzicht auf Speisevorschriften). Konservative Juden denken ähnlich liberal wie die Reformjuden, halten aber stärker an dem einigenden Band der hebräischen Sprache und Kultur fest.

Zum Weiterlesen:

Baumann, Arnulf (Hg): Was jeder vom Judentum wissen muss, Gütersloh 1997, 8. Aufl.

Islam

Angesichts der ca. 3 Millionen Muslime in Deutschland ist es unverzichtbar, zumindest Grundzüge des Islam kennen zu lernen.

Islam heißt Hingabe, nämlich an den einen und einzigen Gott. Damit ist das Zentrum islamischer Frömmigkeit bezeichnet.

Urkunde des Islam ist der **Koran** (= Lesung, Rezitation), der in Abschnitten direkt aus dem Himmel dem Mohammed offenbart und danach aufgeschrieben wurde. Er enthält Glaubensüberzeugungen, gottesdienstliche Ordnungen, sozial-gesellschaftliche Weisungen und sittlich-ethische Maßstäbe.

Vom Glauben reden

Gott (= Allah) ist im Islam streng allen menschlichen Vorstellungen entzogen. Deshalb sind jegliche Bilder von Gott verboten. In Moscheen finden sich keine bildlichen Darstellungen. Gott ist allmächtig und barmherzig, sofern er den Menschen nicht mehr Gebote und Pflichten auferlegt, als sie auch erfüllen können (▶ S. 85 ff.).

Sterben und Tod: Das Leben ist Gottes Geschenk, und nach dem Tod kehren die Glaubenden zu Gott zurück. Im Gericht wird über die Menschen geurteilt, sie erhalten Belohnung bzw. Bestrafung für ihre Taten. Belohnung erwartet sie im Paradies, das sehr anschaulich in leuchtenden Farben geschildert wird.

Mohammed genießt hohe Verehrung. Muslime verbinden diesen Namen oft mit dem Satz: Gottes Segen und Friede möge mit ihm sein. (Zum Leben Mohammeds ▶ S. 128 ff.)

Feste

Das muslimische Jahr ist ein reines Mondjahr, d. h. es zählt 12 Monate von 29 oder 30 Tagen. Weil das Mondjahr um 11 Tage kürzer ist als unser Sonnenjahr, verschiebt sich der muslimische Kalender jedes Jahr zu unserem Kalender um 11 Tage rückwärts (▶ S. 94).

- **Opferfest** (türkisch: kurban bayram): Es ist das höchste Fest des Islam. Im Mittelpunkt steht die Geschichte, in der sich Abraham anschickt, seinen Sohn Ismael (in der Bibel: Isaak) Gott zu opfern. (2002: 23.2.; 2003:12.2.; 2004: 31.1.). Opfertiere werden rituell geschlachtet, in festlicher Gemeinschaft gegessen und mit Nachbarn und Armen geteilt.
- **Ramadan**: So wird der Fastenmonat bezeichnet, in dem der Überlieferung nach Mohammed die ersten Offenbarungen zuteil wurden. Von der Morgendämmerung bis zum Sonnenuntergang verzichten gläubige Muslime auf Essen, Trinken, Rauchen, Geschlechtsverkehr. Nach Sonnenuntergang treffen sich Familien und Nachbarn, um miteinander zu essen. Kinder sind noch nicht zum Fasten verpflichtet. Oft sind sie stolz darauf, es den Großen schon gleichzutun.
- **Nacht der Bestimmung**: In der 27. Nacht des Fastenmonats wird der ersten Offenbarung an Mohammed gedacht. (2002:1./2.12.)
- **Fest des Fastenbrechens** (türkisch: seker bayram): das Ende des Fastens wird in einem fröhlichen dreitägigen Fest gefeiert. Wegen der Süßigkeiten und Geschenke, die verteilt werden, heißt es auch Zuckerfest, und es hat in diesem Sinne gewisse Ähnlichkeiten mit dem christlichen Weihnachtsfest. (2002: 6.12.; 2003: 25.11.; 2004: 14.11.)
- **Neujahr**: Das islamische Jahr beginnt mit dem Gedächtnis der Auswanderung aus Mekka im Jahr 622. (2002: 15.3.- Beginn des Jahres 1423; 2003: 4.3.; 2004: 22.2.)
- **Aschura**: Am 10. Tag des Jahres gedenkt man u. a. des Endes der Sintflut. Der Überlieferung nach hat Noah an diesem Tag die Arche verlassen (▶ S. 123 f.). Schiitische Muslime gedenken an diesem Tag besonders des Todes Husains, Sohnes des Ali und Enkels Mohammeds (2002: 24.3.; 2003: 13.3.; 2004: 2.3.)
- **Mevlid Kandili**: Es ist der Geburtstag des Propheten (2002: 25.5.; 2003: 14.5.; 2004: 2.5.). An ihm werden Koranverse und Gedichte über das Leben Mohammeds rezitiert.

Alltag

Fünf Pflichten, die sog. fünf Säulen bestimmen das Leben des gläubigen Muslim:

- **Bekenntnis** zu dem einen Gott: »Ich bezeuge, dass es keine Gottheit gibt außer Gott. Ich bezeuge, dass Mohammed der Gesandte Gottes ist«.
- **Gebet:** Gemeint ist damit das rituelle Gebet, das fünfmal am Tag zu verrichten ist, nämlich vor dem Sonnenaufgang, zur Mittagszeit, am Nachmittag, nach Sonnenuntergang und vor dem Schlafen (▶ S. 135 ff.).
  Neben dem rituellen gibt es auch das freie Beten mit frei formulierten Bitten, Kernsätzen des Islam, Rezitation der »99 schönsten Namen Allahs«. Dabei lassen viele Beter die Perlenschnur durch die Hände gleiten.
- **Fasten:** Das Fasten im Ramadan ist wichtigstes Kennzeichen religiöser Treue.
- **Sozialabgaben:** Sie gründen in der Gemeindeordnung, die Mohammed für Medina schuf (▶ S. 128 ff.). Wer Besitz hat, ist zur Sozialsteuer für Bedürftige verpflichtet. Auch heutzutage schicken z.B. türkische Muslime zum Ende des Ramadan hohe Spenden in ihre Heimat.
- **Wallfahrt nach Mekka:** Nach Mohammeds Aussagen kurz vor seinem Tod ist den Wallfahrern das Paradies verheißen. Mekka gilt den Muslimen als die »Mutter aller Städte«.
- **Geistliches und Weltliches** sind im Islam eng miteinander verbunden. Auch das geht auf die Gemeindeordnung für Medina zurück. Insofern ist der Glaube für Muslime keine Privatsache, sondern eine öffentliche Angelegenheit. Recht und Gesetz gelten als Zeichen der Barmherzigkeit Gottes, weil er mit ihnen das Zusammenleben der Menschen möglich macht. Sie sind am Koran orientiert sowie an der **Sunna**, in der die Lebenspraxis Mohammeds überliefert ist. Am meisten sind das Verbot von Schweinefleisch (= unreine Tiere) und Alkohol bekannt.
- **Mann und Frau:** In islamischen Ländern mit ihrer patriarchalischen Ordnung sind den Personen des Familienverbands feste Rollen zugewiesen. Aber während ursprüngliche Lebensregeln für Jungen weithin vergessen wurden, blieben die Vorschriften für Frauen und Mädchen lebendig. Sie fordern etwa strikte Trennung der Geschlechter – deshalb ist für viele Muslime gemeinsames Schwimmen ihrer Töchter mit Jungen oder der Schullandheimaufenthalt mit Mädchen und Jungen nicht zu befürworten. Es gibt kaum private Kontakte zwischen Frauen und Männern, die nicht zur selben Familie gehören.
- **Traditionsverlust:** Wie bei den Christen spielt auch für viele Muslime der Islam als praktizierte Religion kaum mehr eine

Rolle. Viele fühlen sich höchstens noch im kulturellen Sinn als Muslime, und sie kritisieren an ihrer Religion oft, dass sie rückständig und altmodisch sei.

Glaube im Lebenslauf

- **Geburt:** Die ersten Worte, die das neugeborene Kind hören soll, sind der Ruf zum Gebet und das Glaubenszeugnis. Sie werden ihm kurz nach der Geburt ins rechte und ins linke Ohr geflüstert. Nach 40 Tagen, in denen Mutter und Kind zu Hause bleiben sollen, singt der Imam ein Gedicht über die Geburt Mohammeds. Die Namensgebung erfolgt am 7. oder am 40. Tag nach der Geburt durch den Vater oder einen der Ältesten der Gemeinde. Wer den ersten Zahn des Babys entdeckt, muss ihm etwas schenken.
- **Beschneidung:** Zwischen dem 7. und 14. Lebensjahr wird den Jungen die Vorhaut des Penis abgeschnitten. Damit werden sie in die Gemeinschaft der Männer aufgenommen. Es ist ein großes Familien-

fest, bei dem die Hauptperson von den Verwandten reich beschenkt wird.

- **Hochzeit:** Im islamischen Hochzeitszeremoniell sind Religion, Recht und Sitte eng miteinander verbunden. Ein Ehekontrakt wird vor dem Notar im Haus der Braut unterzeichnet, und dem Zug ins Haus des Bräutigams folgt ein großes Bankett.
- **Tod:** Dem Sterbenden wird noch einmal das Bekenntnis ins Ohr geflüstert. Nach dem Tod wird der Leichnam vollständig gewaschen, in ein weißes Tuch gehüllt und zur Moschee oder zum Friedhof getragen. Das Grab soll einfach und schmucklos sein. Der Tote wird im weißen Tuch so ins Grab gelegt, dass er auf der rechten Seite liegt und mit dem Gesicht nach Mekka schaut.

Strömungen

Die meisten Muslime gehören der **sunnitischen** Richtung an, die traditionsgebunden und nüchtern auf Einhaltung der rechtlichen Vorschriften und auf öffentliche Geltung ausgerichtet ist.

Die **schiitische** Richtung hat ihren Ursprung in den Nachfolgestreitigkeiten nach Mohammeds Tod. Ihre Anhänger sehen Ali, den Vetter und Schwiegersohn Mohammeds als den von Gott bestimmten Nachfolger (Kalifen). Sie wurden von der Mehrheit an die Ränder der islamischen Territorien gedrängt (Libanon, Irak, Iran). Bei ihnen genießt der Imam (Vorbeter) und besonders dessen Auslegung des Korans hohe Autorität. Das ermöglicht den Schiiten einen flexiblen Umgang mit den im Koran fixierten Gesetzen.

Unter den Schiiten ist die **alevitische** Richtung von einer besonderen Verehrung Alis bestimmt. Er gilt als Offenbarung des vollkommenen Menschen, an dem sich die Gläubigen in ihrem Leben und Glauben auszurichten haben. Etwa 15% der Muslisme türkischer Herkunft sind Aleviten.

Zum Weiterlesen:

Denffer, Ahmad von: Islam für Kinder, Haus des Islam, Aachen 1983.
Schwikart, Georg: Julia und Ibrahim. Christen und Muslime lernen einander kennen, Patmos Verlag, Düsseldorf 1995.
Tworuschka, Monika und Udo: Der Islam Kindern erklärt, Gütersloher Verlagshaus, Gütersloh 1999.

Hinduismus

Mit dem Blick auf den Hinduismus tauchen wir in eine völlig andersartige religiöse Welt ein, als wir es von den bisher vorgestellten Religionen gewohnt sind. Der Hinduismus kennt keinen Religionsstifter, keine religiösen Institutionen, keine regelmäßigen Gottesdienste, keine einheitliche Glaubenslehre. Statt dessen begegnet uns eine Fülle an heiligen Schriften, eine vielfältige Götterwelt, die von Naturheiligtümern bis zu abstrakten Vorstellungen von einem göttlichen Urprinzip reicht. In kaum vorstellbarer Weite stehen die unterschiedlichen religiösen Vorstellungen nebeneinander, ohne einander verdrängen zu wollen. Das alltägliche Leben ist von der Sphäre des Göttlichen durchpulst. In den täglichen Verrichtungen begegnet das Heilige und fordert die ihm angemessenen Handlungsweisen.

Hinduistische Kinder und Eltern begegnen uns wohl eher selten in der Kindertagesstätte. Aber es ist für Erzieherinnen und Erzieher wichtig, bei der Beschäftigung mit anderen Religionen auch einen Blick auf die fernöstliche religiöse Welt zu werfen, die so ganz anders ist als unsere christlich geprägten Vorstellungen von Religion – und dabei auch auf die nach Christentum und Islam drittgrößte Weltreligion mit ca. 750 Millionen Anhängern.

Das Wort **Hindu** stammt vom Fluss »Sindhu« bzw. Indus und kennzeichnet ursprünglich das Land östlich von ihm, später den ganzen Subkontinent Indien. Als auch Christentum und Islam ins Land kamen, wurde mit dem Namen Hinduismus die indische Religionswelt von ihnen unterschieden. Auch heute noch sind über 80% der Inder Hindus, und Anhänger des Hinduismus finden sich fast nur in Indien.

Götterwelt

Göttliches und Menschliches sind nicht scharf voneinander getrennt. Bedeutende Menschen wie hoch angesehene Brahmanen mit ihren priesterlichen Funktionen können Verehrung als Götter genießen, und umgekehrt sind auch die Götter dem Kreislauf der Wiedergeburten unterworfen. In Flüssen und Bäumen, in Bildern und Gegenständen können Götter präsent sein. In den überlieferten Mythen wird ganz menschlich von Göttergestalten erzählt. Sie erscheinen in Götterfamilien geordnet, aber auch als vielfache Wiederverkörperungen bestimmter Gottheiten. Die Zahl der Götter ist unendlich, manche sprechen von 330 Millionen. Aus dieser Vielzahl hat sich eine Dreiergruppe als Hochgötter herausgebildet, die ihre jeweiligen Verehrerkreise haben: Brahma als der Schöpfer des Lebens, Vishnu als dessen Erhalter und Shiva als der Zerstörer. *Brahma* hat heute nur noch wenige Anhänger. *Vishnu* hat gewissermaßen aus kleinsten Anfängen im Laufe der Zeit die Spitzenstellung in der Götterwelt gewonnen. Als

Gott der Güte ist er in vielerlei Gestalt, sogar in Tiergestalt, auf der Erde erschienen. *Shiva* ist in Extremen gekennzeichnet, als Verbreiter von Katastrophen und Schrecken – sein Äußeres ist oft schauerlich dargestellt – und auch als Helfer auf dem Erlösungsweg. Seine Anhänger bilden die zweitgrößte Gruppe im Hinduismus. Den weiblichen Aspekt verkörpern die den Göttern zugeordneten Göttinnen. In *Krishna* verehren dessen Anhänger den persönlichen Gott, der all die anderen göttlichen Erscheinungsweisen in sich aufgenommen hat. In Liebe wendet er sich den Menschen zu, und die antworten entsprechend. Jenseits der konkreten Göttergestalten denken viele mehr philosophisch einen göttlichen Urgrund der Welt und alles menschlichen Daseins, das Brahman.

Überall begegnen die Göttergestalten und zeigen die persönliche Beziehung ihrer Verehrer zu ihnen an. Zu Hause stehen sie in der Andachtsecke. Dort werden zu den Gebeten Räucherstäbchen entzündet. Und dem Gott bzw. der Göttin, denen sich die Familie verbunden weiß, bringt man auch Blumen und Speisen dar. Die Menschen sind die Gastgeber ihrer Götter, begrüßen sie täglich liebevoll, baden sie und reiben sie mit duftenden Ölen ein. Jede Mahlzeit wird zuerst vor das Götterbild getragen – all das in der Erwartung, dass sich die Götter dafür auch erkenntlich zeigen werden. Die Götterbilder werden auch in den Tempeln und dort auf ganz individuelle Weise verehrt, meditierend oder laut singend und tanzend. Nur an den großen Festtagen finden Gottesdienste und dabei auch große Prozessionen statt.

Darüber hinaus ist die ganze Natur heilig. Was der Mensch von ihr bekommt, sind Geschenke der Götter – die Verehrung der Kuh als heiliges Wesen ist in diesem Zusammenhang zu sehen. Und das gilt schließlich auch für die Gegenstände des täglichen Gebrauchs, vom Schraubenzieher bis zum Bügeleisen. Sie werden täglich neu in kleinen Gesten gesegnet. Zur göttlichen Sphäre gehört auch die Sternenwelt. Vor schwierigen Entscheidungen befragt man die Astrologen. Der Zusammenhang von Einzelschicksal und Kosmos wird auch spürbar, wenn Hindus Handlinien deuten und persönliche Edelsteine und Mineralien am Körper tragen.

Ältester Bestand der heiligen Schriften sind die (kaum noch bekannten) Veden, alte Mythen mit Anweisungen für Priesterämter und Opferkult, aus der Zeit um 1500 v.Chr. Jüngere Texte sind die Upanishaden mit mystischen Weisheiten über die Geheimnisse der Welt. Viel volkstümlicher sind die Epen Ramayana und Mahabharata mit mythischen Erzählungen aus der Welt der Götter. Früher wurden sie in den Dörfern von Berufserzählern vorgelesen und heute werden sie in groß angelegten Projekten verfilmt. Zum Umgang mit den heiligen Schriften gehört auch, einzelne Silben, Worte, Sätze (Mantras) immer wieder laut zu rezitieren, auch wenn ihr Sinn nicht verständlich ist.

Leben

Noch heute gilt den meisten Hindus das Hineingeboren-Werden in die jeweilige Kaste und die mit ihr vorgegebene Lebensordnung als göttlicher Wille. Hindu ist man durch solche Zugehörigkeit, mit der man von anderen Kasten streng geschieden ist. Wer den Hinduismus verlässt, verliert auch seine Zugehörigkeit zur Kaste und damit seine gesellschaftliche Einbindung. Die vier Kasten der Priester, der Krieger und Adligen, der Bauern, Handwerker und Handelsleute, der Diener und Sklaven haben sich in über 3000 Unterkasten differenziert. Und dann gibt es noch die Unberührbaren, die »out-casts«, die außerhalb der gesellschaftlichen Beziehungen leben. Obwohl inzwischen eine demokratische Verfassung dem Kastenwesen abgeschworen hat und auch schon ein Unberührbarer Staatspräsident war, ist die Kastenordnung immer noch tief im Bewusstsein der Hindus verankert. Gemäss diesen Überlieferungen wurde und wird die Frau als ein Wesen zweiter Klasse behandelt, das in der Familie den untersten Rang einnimmt, d.h. oft noch den eigenen Söhnen untergeordnet ist.

Aufgabe des Menschen ist es, in Übereinstimmung mit der gegebenen Ordnung der Welt zu leben. In allen seinen Entscheidungen und Taten ist er von früheren Entscheidungen beeinflusst, und seine Taten werden auch auf sein späteres Leben einwirken. Er führt mit seinem Leben gleichsam ein Konto von Ursachen und Wirkungen, auf das er durch gute Entscheidungen einzahlt, und von dem er durch schlechte Entscheidungen abhebt. Dieses »Konto« – Karma genannt – begleitet ihn nicht nur in seinem jetzigen Leben, sondern durch immer neue Wiedergeburten hindurch. Die hinduistische Lebensordnung ist also wesentlich geprägt vom Glauben an ein Wiedererscheinen nach dem Tod in anderen Lebewesen. Damit ist der Mensch durch das »Karma« in einen ewigen Kreislauf eingespannt. In ihm werden Verdienste und Versäumnisse immer weiter gerechnet. Der Brahmane als Mitglied der hoch angesehenen Kaste der Priester kann auf ein gutes Karma zurückblicken, der Unberührbare hat eine schlechte Bilanz seiner Vergangenheit. Mitleid mit anderen Menschen, denen Schlimmes widerfährt, ist nicht angebracht, denn das ist nichts anderes als die Folge früherer Taten. Und das eigene Handeln ist darauf auszurichten, sein Karma zu verbessern.

Der höchste Lohn, der einem winkt, ist das Ende der Wiedergeburten. Das ist die wahre Erlösung des Menschen – das Auslöschen und Vergehen im Nichts. Hinduistische Religiosität bietet nun mancherlei Wege an, das Ausscheiden aus dem Kreislauf der Wiedergeburten zu fördern:

- Das ist zum einen der Erlösungsweg der Erkenntnis. Sie wird in einem langen und mühevollen Prozess geistiger Konzentration und Meditation gesucht. Auf dem Weg des Yoga geschieht Abwendung von der Welt und Konzentration auf das Selbst: Das Ziel ist, sich selbst als reine Geistigkeit zu erleben, alle körperlichen Funktionen zu beherrschen, unter Kontrolle zu bringen und sogar still zu legen, um so dem göttlichen Urgrund nahe zu kommen.
- Zu den guten Werken gehört auch, den Göttern Verehrung zukommen zu lassen. Jeder Tag ist mit den entsprechenden Zeremonien verbunden.
  Liebevolle innere Zuwendung zu den Göttern ist vom Vertrauen getragen, dass sie diese ihnen entgegengebrachte Liebe erwidern und so den Weg zur Erlösung beschleunigen.

Mancherlei hinduistische Vorstellungen und Praktiken haben auch bei uns Liebhaber gefunden – vom Glauben an die Wiedergeburt über das Entzünden von Räucherstäbchen bis zum Yoga. Begegnung mit dem Hinduismus heißt aber darüber hinaus, sich mit dem Gesamtzusammenhang der Karma-Ordnung auseinander zu setzen, in dem die einzelnen Tätigkeiten stehen und das eigene Verhältnis dazu zu bestimmen.

Feste

- **Diwali:** Nach der Regenzeit im Herbst werden Häuser und Wohnungen wieder herausgeputzt, neue Kleider angezogen und auf allen möglichen Simsen und Fensterbrettern einfache Öllämpchen aufgestellt – die Göttin des Glücks und des Reichtums wird in die Häuser eingeladen. Lichterketten in Großstädten erinnern an westliche Weihnachtsdekoration, und auch das Verschicken von Grußkarten scheint Brauch zu werden. Dazu kommen auch Knallkörper und Feuerwerk. Man besucht einander und isst von den angebotenen Süßigkeiten.
- **Holi:** Dieses Frühlingsfest am Anfang der heißen Jahreszeit (Februar – März) erinnert an Karneval. Menschen werden mit Farbe beschmiert, Ballons mit gefärbtem Wasser werden durch Auto- und Busfenster geworfen. Anlass zu Freude und Ausgelassenheit ist das Einbringen der Winterernte, und mythologischer Hintergrund ist der Sieg der guten über die bösen Götter. Krishnas Tanz und Spiel mit

Hirtenmädchen gibt dem Fest auch einen erotischen Beiklang.

- **Pongal:** Es ist das einzige Fest, das durch den Lauf der Sonne und nicht durch das Mondjahr bestimmt ist. Als Fest der Wintersonnenwende wird es am 14. Januar gefeiert. Markantester Brauch ist ein Kampfspiel mit kleinen Papierdrachen. Man isst und verteilt Milchreis, den man bewusst überkochen ließ – Zeichen von Überfluss und Fruchtbarkeit.

Lebenslauf

Schon vor der Geburt wird das Baby durch allerlei Bräuche vor bösen Einflüssen geschützt. Am 6. Tag nach der Geburt malt eine Frau, die so etwas wie eine »Patenschaft« übernimmt, Mutter und Kind einen gelben

Ingwerfleck auf die Stirn und verpflichtet sich zur Fürsorge für das Kind. Zum ersten Haarschnitt wird ein Priester eingeladen. Jungen der oberen Kasten bekommen mit elf Jahren die heilige Schnur umgelegt und werden von da an in die religiösen Texte eingewiesen.

Zu Hochzeiten gehört die Anwesenheit des Brahmanen, der Mantras murmelt. Die Ehefrau verlässt ihre Familie, einziger Bezug zu ihr bleibt der Bruder, der ihr einen roten Faden um das rechte Handgelenk bindet. Die Frau kann auch einen anderen Mann zum »Bruder« wählen, der damit die Aufgabe übernimmt, sie zu beschützen.

Am heiligen Fluss Ganges zu sterben ist der Wunsch jedes frommen Hindu. Tote werden nicht bestattet, sondern verbrannt. Da Tote als unrein gelten, geschieht das ohne Anwesenheit von Angehörigen.

Strömungen und Weiterentwicklungen des Hinduismus

Obwohl unter dem Dach des Hinduismus eine Vielzahl religiöser Erscheinungsformen vereinigt ist, gibt es auch Richtungen, die zu eigenen Religionen geworden sind.

- Im 5. Jh.v. Chr. ist der **Buddhismus** aus dem Hinduismus hervorgegangen und zu einer eigenständigen Religion geworden.
- Im 4. Jh.n. Chr. hat der Asket Mahavira den **Jainismus** begründet, der die absolute Gewaltlosigkeit vertritt. Weil auch alle Tiere eine Seele haben, muss das Töten auch des kleinsten Insekts vermieden werden. Mundbinden verhindern, dass aus Versehen Mücken verschluckt werden.
- Im 15. Jh. wurde der Guru Nanak zum Stifter der **Sikhs.** Er versuchte mit seiner Lehre von der Erlösung durch Gottesliebe zwischen Hindus und Moslems zu vermitteln. Die Brücke zum Islam sah er in der liebevollen Zuwendung Gottes zu den Menschen, mit dem Hinduismus verband ihn weiterhin die Lehre vom Kreislauf der Wiedergeburten. Die Sikhs leben in Nordindien und machen immer wieder durch militantes Streben nach Unabhängigkeit vom indischen Staat auf sich aufmerksam.
- Im 19. Jh. hat die Reformbewegung des so genannten Neohinduismus v.a. auf Änderung der Kastenordnungen gedrängt und versucht, indisches mit westlichem Gedankengut zu verbinden. Markante Persönlichkeiten vertraten Vorstellungen von dem einen Gott, der nicht nur in den hinduistischen Gottheiten, sondern auch in Buddha, Jahwe, Jesus, Allah erfahren werden könne. Im Westen machten sie mit solch großer Integrationskraft auf den Hinduismus aufmerksam. Wohl am bekanntesten ist Mahatma Gandhi, der sich sowohl als rechtgläubiger Hindu verstand und den Glauben an die Götter nicht

aufgab, und der zugleich andere Religionen wie Christentum und Islam als Bereicherung seines eigenen Glaubens ansah. Vor allem von Jesu Bergpredigt wurde er sehr geprägt.

- Daneben haben sich aber auch fundamentalistische Gruppen gebildet, welche die ungebrochene Gültigkeit der alten Gesetze des Hinduismus erzwingen wollen.
- In den zurückliegenden Jahrzehnten sind einige aus dem Hinduismus hervorgegangene Gruppierungen auch im Westen bekannt geworden:
  - die Transzendentale Meditation, die Verbindungen zur Tiefenpsychologie herstellte,
  - die Hare-Krishna-Mönche, die durch stundenlanges Singen von Mantras, begleitet von Trommeln und ekstatischen Bewegungen auffallen und deren Geschichte in Europa auch von Finanzskandalen begleitet ist,
  - die Bhagwan-Bewegung, gegründet von Bhagwan Shri Rajneesh in Poona, zu dem viele Interessenten aus der westlichen Welt pilgerten, der dann in die USA umsiedelte. Dort scheiterte aber sein religiöses Projekt. Die Samyasins in ihren rot-orangefarbenen Gewändern vertreten weiter die Lehre des Bhagwan, der Elemente aus vielen Religionen und Philosophien zu vereinigen suchte.

Zum Weiterlesen:
Trutwin, Werner: Die Weltreligionen – Hinduismus, Düsseldorf 1998.

Buddhismus

In Indien selbst, wo der Religionsstifter Siddharta Gautama wirkte, hat der Buddhismus kaum Anhänger gewonnen, um so mehr aber in anderen östlichen Ländern. Als Lebensphilosophie, die ohne Beziehung zu Gott als einer Person und einem Gegenüber auskommt, übt diese Religion auch auf Menschen unseres Kulturkreises nach wie vor große Anziehungskraft aus. Am Buddhismus lässt sich aber auch gut beobachten, wie sich dessen philosophische Lehre mit Elementen volkstümlicher asiatischer Religiosität verband. Etwa 250 Millionen rechnen sich dem Buddhismus zu.
Der Name bezieht sich auf Buddha, d.h. »der Erwachte«. So nannte sich Siddharta Gautama nach dem Erlebnis seiner Erleuchtung, seines »Erwachens«, das ihn auf den Weg zu einer neuen Religion führte. Im Unterschied zum Hinduismus, in dessen religiöser Vorstellungswelt auch der Buddhis-

mus viele Wurzeln hat, begegnet uns hier also wieder ein Religionsstifter.

Geschichten von Buddha

Im Grenzgebiet zwischen Indien und Nepal wurde im 5. Jahrhundert v. Chr. Siddharta Gautama als Sohn eines Stammesfürsten geboren. Er verbrachte eine unbeschwerte Kindheit und Jugendzeit und wurde – wie es dort so üblich war – schon mit 16 Jahren verheiratet. Als 13 Jahre später sein Sohn zur Welt kam, nahm er dieses Ereignis zum Anlass, Haus und Familie zu verlassen und ein neues Leben als Asket zu beginnen.

Als tieferen Grund dafür gibt uns die Überlieferung vier Erlebnisse an, die so genannten vier Ausfahrten. Bei ihnen begegnete Prinz Siddharta, der zu Hause von allen negativen Erfahrungen ferngehalten wurde, in anderen Menschen dem Alter, der Krankheit, dem Tod und dann auch dem inneren Seelenfrieden. Zuerst ist es ein Greis, bei dem er sich mit dem Ereignis des Alterns konfrontiert sieht und dann bestürzt nach Hause zurückkehrt. Daraufhin trifft er auf einen Kranken, dann auf einen Leichenzug. Schließlich begegnet er einem Bettelmönch, der durch seine heitere Gelassenheit in Siddharta den Wunsch weckt, von ihm zu lernen und sich von der Welt abzuwenden. Sechs Jahre lang lebt er als Einsiedler in äußerst strenger Askese. Aber sie führt ihn nicht zur inneren Zufriedenheit, und so gibt er sie wieder auf. Erst intensive Meditationen unter einem Feigenbaum bringen die entscheidende Wende: Die Erkenntnis der wahren Natur aller Dinge leuchtet in ihm auf – jetzt ist er der Erwachte, Buddha. Diese Erfahrung führt ihn über die Traditionen des Hinduismus hinaus, sein »Rad der Lehre« setzt sich in Gang.

Die neue Lehre

In die überlieferten Ordnungen des Hinduismus greift Buddha kaum ein, Kastenordnung und Götterverehrung werden nicht abgelehnt. Aber die Lehre von den Wiedergeburten wird in neuer Weise ausgelegt: Im Zentrum steht die Erkenntnis, dass alles Leben Leiden ist. Dessen Ursachen sind Durst nach Leben, Durst nach Begierden, Durst nach Werden und Durst nach Aufhören des Werdens. Erst wenn dieser Durst überwunden ist und wenn es keinerlei Begehren nach Sinnesfreuden mehr gibt, kann auch das Leiden aufhören. Solange aber der Mensch noch am Leben hängt, wird der Kreislauf seiner Wiedergeburten und damit das Leiden weitergehen. Wie kann dieser Lebensdurst überwunden werden? Es gilt zunächst die benannten Ursachen des Leidens klar zu erkennen. Sodann ist eine auf Bescheidenheit und Verzicht gerichtete Denkweise einzuüben. Nutzlose Reden, Lügen und Verleumdungen sind zu vermeiden, anderen darf kein Schaden zugefügt werden. Auch die Meditation trägt zur Überwindung des Dursts nach Leben bei. Sie hat das Ziel, den Geist von störenden Einflüssen freizuhalten. Zu ihr gehört die rechte Achtsamkeit, das genaue Beobachten der eigenen Gefühle, Gedanken und Verrichtungen. Man lässt sie geschehen, bis sie von selbst vergehen, so wie sie kamen. Und sind sie hartnäckig, werden sie mit ihrem Gegenteil begleitet, etwa Gefühle des Neids mit Wünschen des Wohlergehens usw. So wird das Ziel der Versenkung zu erreichen versucht, in der einem Erleuchtung zuteil wird und alle Wiedergeburten und Leiden enden können.

Hinter diesen Anweisungen steht eine Sichtweise des Menschen, die ein Ichbewusstsein, d.h. die Vorstellungen von einer eigenen Persönlichkeit ablehnt. All das sei nur Illusion. Ein Individuum sei nicht mehr als ein Haufen von sich verändernden Bestandteilen der Empfindungen, der Wahrnehmungen, des Bewusstseins, ohne inneren Zusammenhang.

Diesen neuen Weg galt es in der Gemeinschaft von Gleichgesinnten (= Sangha) zu gehen. So entstanden Gemeinschaften von Bettelmönchen, deren Ordensvorschriften eigenes Arbeiten und Verdienen verboten, um körperliche Empfindungen besser unterdrücken und sinnliches Wahrnehmen gering schätzen zu können. Frauengemeinschaften kamen erst später dazu. Daneben waren auch Laien bedeutsam, die mit dieser Lehre sympathisierten, ohne ihre weltlichen Berufe aufzugeben. Sie trugen zum Lebensunterhalt der Mönche bei und gewannen dadurch positives Karma (▶ S. 153).

Entwicklungen

Nach Buddhas Tod wurden seine Lehren gesammelt – und es entstanden unterschiedliche Lehrrichtungen.

- Eine konservative Richtung, der »Weg der Alten« oder »das kleine Fahrzeug« genannt, hielten streng an den überlieferten Ordensregeln fest.
- Mit mancherlei Veränderungen und Erweiterungen des »großen Fahrzeugs« wurde die neue Religion für weite Schichten der Bevölkerung, damit auch für nicht philosophisch Geschulte und nicht zu solch tiefer Meditation Fähige zugänglich.
- Die Person des Buddha wurde vergöttlicht. Der irdische Buddha wurde als irdische Erscheinung eines überweltlichen, kosmischen, alles umfassenden Buddha verstanden. Damit war auch der Weg zur religiösen Verehrung des Buddha frei. Mit ihr rückte die Lehre des Buddha in den Hintergrund. Während die Mönche sich weiterhin an seiner Lehre orientierten, wurde für die Laien die Buddha-Vereh-

rung wichtig. Buddha-Statuen wurden errichtet und in Tempeln verehrt, Fußspuren des Buddha wurden zu heiligen Orten, irdische Überreste des Buddha als Reliquien gehütet.

- Dieser umfassende Buddha habe sich nicht nur in einem einzigen irdischen Wesen verwirklicht, sondern durch die Zeiten hindurch in vielen. Die Gestalt des irdischen Buddhas wurde somit von den so genannten Bodhisatvas umgeben. Das sind Gestalten, die bereits »erwacht« oder nahe am »Erwachen« sind und damit nahe daran einzugehen in die absolute Leere des Nirwana. In ihrem großen Mitleid mit den Mitmenschen aber verzichten sie auf ihr Ziel, nehmen neue Wiedergeburten in Kauf, um dafür anderen auf dem Weg zur Vollkommenheit zu helfen. Sie nahmen gewissermaßen die Rolle von »Nothelfern« an, an die sich die Menschen auch in ganz alltäglichen Sorgen und Nöten wenden konnten, z.B. mit der Bitte um Schutz vor Räubern, Feuer, Sturm usw. Der Himmel der Hindu-Götter wurde so durch den Himmel der Buddhas und Bodhisatvas ersetzt.

- Auch Vorstellungen von einem Paradies entstanden. Es liegt zwischen der Sphäre des kosmischen Buddha und der Menschenwelt. Gläubige können in es hinein wiedergeboren werden, gewissermaßen als einer Zwischenstation auf dem Weg zum Verlöschen im Nirwana.
- Spannungen und Widersprüche zwischen der Lehre und der Verehrung Buddhas wurden ertragen: Bitten an die Bodhisatva-Nothelfer sind ja gerade nicht von der Überwindung des Lebensdursts bestimmt, sondern von ganz konkreten Lebenswünschen. Und während nach der Lehre Buddha in der Folge seiner Erleuchtung ins Nirwana eingegangen ist, wurde er in der Frömmigkeitspraxis als lebendig und wirksam verehrt.

In Indien selbst konnte der Buddhismus kaum Fuß fassen. Aber er breitete sich in den umliegenden Ländern (Sri Lanka, Burma, Thailand, Laos, Kambodscha, Tibet, China, Korea, Japan) rasch aus. Das Prinzip der Gewaltlosigkeit kam bei den diktatorisch Herrschenden gut an. Buddhistische Mönche wurden als hohe politische Ratgeber geschätzt.

Die Richtung der Yogacaras legte das Schwergewicht auf die Meditationspraxis. Durch sie galt es zu erkennen, dass die ganze Außenwelt nur bloßer Schein, ja nur ein Traum sei. Ekstatische Übungen führten bis zu Trance-Zuständen. Über China führte dieser Weg nach Japan. Mitglieder der militärischen Kaste sahen darin eine Hilfe, Todesfurcht zu überwinden.
Im so genannten Zen-Buddhismus trat die Lehre in den Hintergrund. Vielmehr sollte im ganz persönlichen Lernen mit einem erleuchteten Meister und in praktischen Übungen die Buddha-Wahrheit ganz unmittelbar auf den Schüler übergehen.

In Tibet verbanden sich Mandala-Meditationspraktiken mit geheimnisvollen Riten. Bisherige Vorstellungen von Göttern und Geistern wurden in den Buddhismus integriert. Und die Lehre von der Wiederverkörperung des Buddha fand eine eigenständige Entfaltung: Nach dem Tode des Dalai Lama wird dessen Wiederverkörperung mit Hilfe von Träumen, Visionen und Orakeln in einem Kind gesucht.

Leben

Vielerorts gehört es zum Leben eines männlichen buddhistischen Jugendlichen, einige Monate in einem buddhistischen Kloster zu verbringen. Wenn dann einer für immer Mönch wird, ist das eine große Ehre für den

Sohn wie für seine Eltern. Um vier Uhr beginnt im Kloster der Tag mit der Andacht vor einem Buddha-Altar. Kerzen und Räucherstäbchen werden entzündet, es wird aus den heiligen Schriften vorgelesen und meditiert. Vormittags geschieht der Bettelgang, der mit dem Mittagessen endet. Textstudien und Unterweisungen füllen den Nachmittag, der dann wiederum mit der Andacht vor dem Altar in der Zelle endet. Auch im alltäglichen Leben werden Buddha-Statuen auf Hausaltären verehrt, mit Früchten und Reis und mit Räucherstäbchen bedacht. Bei Besuchen in den Tempeln übergibt man den Priestern Opfergaben wie Blumen, Nahrungsmittel, Kerzen bzw. Geld. Mit Verneigen oder Knien vor dem Bild wird dessen Verehrung ausgedrückt. Wallfahrten führen vor allem zu vier Stätten in Indien, die mit dem Leben Buddhas in Verbindung stehen: seinem Geburtsort, dem Ort seiner ersten Predigt, dem Ort seiner Einäscherung bzw. seines Verlöschens. An erster Stelle der Wallfahrtsorte aber steht der Ort seiner Erleuchtung.

Feste

Die Feste des Buddhismus finden immer an Vollmondtagen statt. Am wichtigsten sind die Feste, die den Höhepunkten im Leben Buddhas geweiht sind, im Februar seinem Verlöschen, im Mai seiner Geburt und im Dezember seiner Erleuchtung. Sie sind von Erinnerungen an Buddhas Leben und an seine Lehre bestimmt. Dazu kommen noch fröhliche Neujahrsfeiern, Feste, die das Gedenken herausragender Persönlichkeiten zum Inhalt haben und mancherlei regionale Feste.

Zum Weiterlesen:
Schweer, Thomas: Basiswissen Buddhismus, Gütersloh 2000.

Weitere Literaturhinweise

Becker, Antoinette und Niggemeyer, Elisabeth, Meine Religion – Deine Religion, Ravensburg 1988.

Schwikart, Georg: Gott hat viele Namen. Kinder aus aller Welt erzählen von ihrem Glauben, Düsseldorf 1996.

Steinwede, Dietrich und Ryssel, Ingrid (Hg): Weltreligionen erzählen und verstehen, Gütersloh 1999.

Tworuschka, Monika und Udo: Die Weltreligionen Kindern erklärt, Gütersloh 1996.

Wagemann, Gertrud: Feste der Religionen – Begegnung der Kulturen, München 1996.